D'Bibel op Lëtzebuergesch
D'Evangelium nom Markus

D'Bibel op Lëtzebuergesch
D'Evangelium nom Markus

**KATHOULESCH KIERCH
ZU LËTZEBUERG**

**Bibliographische Informationen der
Deutschen Nationalbibliothek**
Die Deutsche Nationalbibliothek verzeichnet
diese Publikation in der Deutschen Nationalbiblio-
graphie; detaillierte bibliographische Daten sind im
Internet über http://dnb.d-nb.de abrufbar.

Am Aarbechtsgrupp „Iwwersetzung vun
der Bibel op Lëtzebuergesch" sinn am
Optrag vum Äerzbëschof vu Lëtzebuerg:
Claude Bache, Fränz Biver-Pettinger,
Jeannot Gillen, Carine Hensgen

www.cathol.lu

Titelbild: Modern Duerstellung vum
Markus-Symbol op engem Massgewand
Layout a Foto: Gilberte Bodson

ISBN 978-3-7448-8586-7

Herstellung und Verlag:
BoD – Books on Demand GmbH, Norderstedt

Inhalt

E Wuert mat op de Wee

Et ass mir eng Freed, der lëtzebuergescher Versioun
vum Markus-Evangelium e Wuert mat op de Wee ze
ginn.

Nodeems d'Äerzbistum schonns 2009 en Evan-
geliar erausginn huet, an deem d'Evangelientexter
vun alle Sonndeger a vun de grousse Festdeeg op
Lëtzebuergesch dra stinn, läit, nom Matthäus- a
Johannes-Evangelium, elo och den integralen Text
vum Markus-Evangelium vir, dat vum Iwwersetzer-
grupp „D'Bibel op Lëtzebuergesch" a laangjäreger
Aarbecht a mat vill Méi vum Griicheschen an eis
Sprooch iwwersat gouf. Ech well op dëser Plaz der
Equipe vun den Iwwersetzer mäi Merci a mäi
Respekt dofir ausdrécken, an dat an der Hoffnung,
datt deemnächst och nach dat véiert Evangelium
(Lukas) als integralen Text op Lëtzebuergesch eraus-
komme kann.

Dem Herrgott sengem Wuert, dat äis an den
Evangelien iwwerliwwert gëtt, kënnt eng eminent
wichteg Plaz am Liewe vun der Kierch an am Liewe

vun all eenzelne Gleewegen zou. Et muss souzesoen den Deessem ginn, deen dat ganzt Liewe vun de Mënschen duerchsaiert (*cf.* Mt 13,33). Well da gëtt et zu engem Wuert, dat Halt an Orientéierung schenkt. Am perséinleche Gebiet, an der Katechees an am Austausch a Bibelgruppen dréit d'Liesen an d'Meditéiere vun den Texter vun der Helleger Schrëft dann och zu enger Beliewung vum chrëschtleche Glaf bäi.

An deem Sënn wënschen ech den Evangelientexter op Lëtzebuergesch, déi elo virleien, datt si dee Som sinn, dee räich Fruucht bréngt (*cf.* Mt 13,3-23)!

Lëtzebuerg, am Advent 2018

+ Jean-Claude Hollerich
Äerzbëschof vu Lëtzebuerg

Eng kuerz Aféierung

Am Joer 2009 gouf den *Evangeliar* publizéiert mat den Evangelie vun alle Sonndeger a vun de grousse Feierdeeg [a]. D'*Evangelium nom Markus* steet an der Nofolleg vun dëser éischter offizieller Iwwersetzung vun Evangelientexter a Lëtzebuerger Sprooch: Dir fannt hei dee ganzen Text vum Markus-Evangelium (Mk), op der Basis vum griichesche Referenztext, iwwersat no deenen nämmlechte Critèrë wéi am *Evangeliar* [b].

D'*Evangelium nom Markus* ass an engem klenge Format gedréckt. Et ass geduecht fir de perséinleche Gebrauch am Alldag, virun allem awer och fir et an der Katechees an de Paren ze gebrauchen.

Dofir erlaabt äis dës kuerz Aféierung:

De Chrëschten hir Bibele bestinn aus engem méi alen Deel, dem sougenannten *Alen* oder *1. Testament* (AT), gréisstendeels op Hebräesch verfaasst, an engem méi neien Deel, dem *Neien*, oder *2. Testament* (NT) op Griichesch.

Déi Sammlung vu Schrëften, déi mir an eise Bibele fannen an an deenen d'Chrëschten hire Glawen als authentesch iwwerliwwert unerkennen (de sougenannte „Kanon vun de biblesche Bicher"), besteet, fir d'Neit Testament, aus 27 Bicher: deene véier Evangelien, der Apostelgeschicht, de Paulusbréiwer, de kathoulesche Bréiwer an der Offenbarung vum Johannes, och nach Apokalyps genannt.

Et sinn dës Schrëften, déi no an no ënner de Chrëschten eng zerguttstert Autoritéit kritt haten; aner Schreiwëssen, déi vu Gemeinschaft zu Gemeinschaft virugereecht goufen, kruten dës Autoritéit net. Se sinn äis wuel zu engem gudden Deel erhale bliwwen, als Zäitzeie vun de Gedanken, Iwwerleeungen, Froen a Suerge vun den éischte Generatioune vu Chrëschten, déi verspreet uechter d'Réimescht Räich gelieft hunn. Mee se goufen net als Riichtschnouer (Kanon heescht ë. a. „Regel" op Griichesch) fir de Glaf zréckbehalen.

Ee vun deene wichtegste Gedanken, deen duerch déi ganz Bibel geet, ass dee vun engem Bond tëscht Gott an de Mënschen. Dat hebräescht Wuert fir dee Bond (berit) gouf op Latäin mat „testamentum" iwwersat. Dohir kënnt dann och eis Bezeechnung Testament, Aalt oder Neit, fir d'Bicher aus der Bibel.

Et leien en etlech Jorhonnerten tëscht där Zäit, wou d'Bicher aus der Bibel néiergeschriwwe goufen – nodeems se zu engem Deel iwwer eng méi oder manner laang Zäit mëndlech iwwerliwwert gi waren –, an äis. D'Distanz ass esouwuel eng historesch wéi eng kulturell-geographesch an eng sproochlech. An dach ass dat, wat mir do liesen, héichaktuell, well d'Grondfroe vun de Mënschen am Fong ëmmer nach déi nämmlecht sinn. D'Konditioun awer, fir datt dës iwwerliwwert Texter fir äis zougänglech sinn a bleiwen, ass ze versichen ze verstoen, wat déijéineg, déi se néiergeschriwwen hunn, deemools soe wollten. Dann eréischt kënne mir froen, wat se äis haut soe kënnen.

D'Neit Testament fänkt u mat deene véier Evangelien, dem *Matthäus*, dem *Markus*, dem *Lukas* an dem *Johannes*. D'Wuert *Evangelium* gouf vum Verfaasser vum Markus-Evangelium (*cf.* Mk 1,1) opgegraff an ewéi eng Iwwerschrëft gebraucht, fir déi *Gutt Noriicht* ze bezeechnen, déi engersäits mat dem Jesus vun Nazareth an d'Welt komm ass, an déi hien anerersäits verkënnegt huet[c]. Jiddfereent vun den Evangelien ass, op seng Manéier, e Credo; jiddfereent beliicht a verkënnegt aus e bëssen engem anere Bléckwénkel dës Gutt Noriicht vum an duerch de Jesus, den Operstanenen, an deem si de Messias, de Christus an dem Herrgott säi Jong erkannt hunn. A jiddfereent gräift Erzielungen iwwer de Jesus oder Rieden an Aussoe vun him op, déi bis dohi mëndlech virugi goufen. Do dernieft gëtt och ugeholl, datt d'Verfaasser vum Matthäus- a vum Lukas-Evangelium d'Markus-Evangelium kannt hunn (oder op d'mannst déi nämmlecht Iwwerliwwerung), datt si zu engem Deel déiselwecht Sammlunge vu Spréch kannt hunn, awer och hir eege Quellen haten. Dat erkläert, firwat mir eng Rei Texter bei deenen dräi Evangelisten erëmfannen, déi dowéinst och *Synoptiker* genannt ginn; aner Texter liese mir just bei der zwéin an nach anerer nëmme bei engem vun hinnen. – De Johannes steet wuel an därselwechter Traditioun, ma hien huet dat iwwerliwwert Material (Erzielungen, Rieden asw.) méi op eng him eege Manéier verschafft.

Mat e Grond, firwat mir Ënnerscheeder an der Aart a Weis déi Gutt Noriicht ze presentéieren, tëscht deene véier Evangeliste fannen, ass, datt si op verschidde Plaze geschriwwen hunn, fir d'Leit aus hire Chrëschtegemeinschaften. Esou ass et ze verstoen, datt d'Markus-Evangelium, dat héchstwahrscheinlech ëm d'Joer 70 zu Roum néiergeschriwwe gouf fir Leit, déi, éier se Chrëschte gi sinn, Heede waren, Verschiddenes anescht erkläere muss wéi z. B. d'Matthäus-Evangelium, vun deem ugeholl gëtt, datt et ëm d'Joer 80 a Syrien, eventuell zu Antiochia, vläicht awer och a Phönizien verfaasst gouf fir an der Majoritéit Leit, déi virdru Judde waren oder sech fir de jüddesche Glaf interesséiert hunn.

* * *

An nach e puer Wuert weider zum Markus-Evangelium

Dëst Evangelium fänkt u mat de Wierder „Ufank vum Evangelium vum Jesus Christus"[d]. E puer Zeile méi wäit gëtt et och „dem Herrgott säin Evangelium" (Mk 1,14) oder einfach nëmmen „Evangelium" genannt (Mk 1,15). An et ass fir d'Mënschen all geduecht:

De Jesus verkënnegt dës Gutt Noriicht vum „Herrgott sengem Räich" duerch dat, wat hie mécht (Kranker heelen, Dämonen ausdreiwen), an duerch dat, wat hie seet. Drolegerweis erkennen d'Dämonen, wien de Jesus ass, ma si kréien de Mond verbueden (Mk 1,23-25.34; 3,11-12). Dat nämmlecht gëllt fir déi Leit, déi geheelt goufen, oder fir déi, déi derbäistoungen (Mk 1,43-44; 5,42-43; 7,36). – D'Jünger awer froen sech ëmmer méi, wien hien ass.

D'Rätsel ëm dem Jesus seng Persoun an seng Missioun gëtt opgeléist engersäits an dem Péitrus sengem Bekenntnes (Mk 8,29) an anerersäits am Drama vum Jesus sengem Prozess virum jüddesche Sanhedrin (Mk 14,61-62) an am Bekenntnes vum heedneschen Centurio ënner dem Kräiz (Mk 15,39): De Jesus ass de Christus, de Messias, dem Herrgott säi Jong, an dat fir d'Jünger wéi fir d'Judde wéi fir d'Heeden, an anere Wierder fir d'Mënschen all.

Direkt no dem Péitrus sengem Credo kréien d'Jünger gesot, de „Mënschejong" misst villes erleiden, hie misst doutgemaach ginn an no dräi Deeg operstoen (Mk 8,31), wat dann zu Jerusalem och geschitt. Am Ganze kréien d'Jünger dat dräimol gesot (Mk 8,31; 9,31; 10,33-34). Ma si sinn a bleiwe schwéier vu Begrëff bis zum Schluss.

D'Markus-Evangelium betount méi wéi déi aner Evangelien, wéi wichteg d'Trei ass an dem Jesus senger Nofolleg (*cf.* z. B. Mk 8,34-38); mat e Grond dofir ka sinn, datt d'Markus-Evangelium zu Roum néiergeschriwwe gouf, ëm déi Zäit, wou den Nero Keeser war. – Eng ganz al Traditioun vum Papias vun Hierapolis (ëm d'Joer 150) verzielt, de „Markus" wier dem Péitrus säin Dolmetscher zu Roum gewiescht, an hien hätt Uerdnung an dat bruecht, wat de Péitrus de Leit verkënnegt huet.

An do wéilte mer eppes an eegener Saach drunhänken: Ob dat esou war, wéi de Papias geschriwwen huet, kënne mir hei net soen. Mee wéi mir dëst Evangelium iwwersat hunn, hate mir et dacks schwéier mam Markus sengem Sazbau, esou wéi wann dee griicheschen Text versiche géif, engem hebräeschen-aramäeschen Text esou trei wéi nëmme méiglech ze bleiwen, a wéi wann dës Trei dann, vum Sazbau hier, e relativ schlecht Griichesch erginn hätt.

Et kéint een hei nach villes iwwert d'Markus-Evangelium schreiwen. Mee dat Einfachst ass, et ze liesen.

A wann ënnerwee Froen opkommen zu deem, wat Dir do liest, dann zéckt net a mailt äis se (bibel@cathol.lu).

Fränz Biver-Pettinger,
fir den Aarbechtsgrupp
„Iwwersetzung vun der Bibel op Lëtzebuergesch"

---

[a] *Evangeliar*. Aarbechtsgrupp „Iwwersetzung vun der Bibel op Lëtzebuergesch" (2009). Luxembourg, Archevêché, Saint-Paul.

[b] *Evangeliar*, S. IX-XVI. De griichesche Referenztext ass dee vum *Nestle-Aland 28* (Eberhard Nestle, Barbara Aland, Kurt Aland, *Novum Testamentum Graece*. 28. Auflage, Deutsche Bibelgesellschaft, Stuttgart 2012, ISBN 978-3-438-05159-2).

[c] D'Wuert *Evangelium* gouf fir d'éischt am Neien Testament am Paulus sengem 1. Bréif un d'Thessalonicher gebraucht (*cf.* 1 Thess 1,5; 2,2.4.8.9; 3,2). Dat ass dat eelst Schreiwes vum Neien Testament a gouf ëm d'Jore 50-51 néiergeschriwwen. – Et war deemools gewot, dat Wuert *Evangelium* am Zesummenhang mat engem Doud um Kräiz ze gebrauchen, well et gemengerhand fir frou Noriichten iwwer de Keeser a säin Haff benotzt gouf (*cf.* z. B. den Epigraph vu Priene aus dem Joer 9 v. Chr.). Dat Verb, dat derzou gehéiert, war aus der Septuaginta, der griichescher Iwwersetzung vun de Schréften, eisem „Alen Testament", bekannt am Zesummenhang mat dem Heemkommen aus dem Exil zu Babylon (*cf.* Is 40,9; 52,7; 60,6).

[d] Dat heescht: „Ufank vun der Gudder Noriicht, déi vum Jesus, dem Christus, kënnt an déi an engems iwwer hien erzielt".

D'Evangelium nom Markus

1 ¹ Ufank vum Evangelium[a] vum Jesus Christus, dem Herrgott sengem Jong.

² Esou wéi beim Prophéit Isaias geschriwwe steet

— Kuck, ech schécke mäi Buet virun dir hier:
Hie bereet däi *Wee vir.*
³ *Eng Stëmm rifft an der Wüüst:*
Maacht dem Här säi Wee prett,
maacht seng Pied grued [b] *—*

⁴ esou ass de Johannes den Deefer an der Wüüst opgetratt, an hien huet eng Daf vun der Ëmkéier verkënnegt, fir datt d'Sënnen nogelooss géifen. ⁵ D'ganzt Land Judäa an och all d'Awunner vu Jerusalem hunn sech op de Wee gemaach a si bei hie gaang; si hunn sech vun him am Jordan deefe gelooss, an dobäi hunn si hir Sënnen agestan. ⁶ De Johannes hat e Kaméilspelz un an e lieder Rimm ëm d'Hëffen, an hien huet vun Heesprénger a wëllem Hunneg gelieft.

⁷ Hien huet verkënnegt: „No mir kënnt een, dee méi staark ass wéi ech; ech sinn et net wäert, mech ze bécken an d'Stréckele vun senge Sandale lass-

zemaachen. [8] Ech hunn iech mat Waasser gedeeft, hien awer deeft iech mat hellegem Geescht."

[9] Déi Zäit koum de Jesus vun Nazareth a Galiläa erfort, an hie gouf vum Johannes am Jordan gedeeft. [10] Soubal wéi hien aus dem Waasser eropkomm ass, huet hie gesinn, wéi den Himmel opgerappt ginn ass an de Geescht wéi eng Dauf op hien erofkomm ass. [11] An eng Stëmm koum aus dem Himmel: „Du bass mäi Jong, an ech hunn dech gär; du stees a menger Gonscht!"

[12] Gläich drop huet de Geescht de Jesus an d'Wüüst gedriwwen. [13] 40 Deeg laang gouf hien do vum Satan op d'Prouf gestallt. Hien huet bei de wëllen Déiere gelieft, an d'Engelen hunn him gedéngt.

[14] Nodeems de Johannes ausgeliwwert gi war, ass de Jesus hannescht a Galiläa gaang; do huet hien dem Herrgott säin Evangelium verkënnegt. [15] Hie sot: „D'Zäit ass do, dem Herrgott säi Räich ass um Kommen. Denkt ëm a gleeft un d'Evangelium!"

[16] Wéi hien du laanscht de Séi vu Galiläa goung, huet hien de Simon an deem säi Brudder, den Andreas, gesinn, wéi si d'Netz am Séi ausgehäit hunn; si waren nämlech Fëscher. [17] Du sot de Jesus zu hinnen: „Kommt mir no! Ech maachen aus iech Mënschefëscher." [18] An direkt hunn si hir Netzer leie gelooss a sinn him nogaang. [19] Wéi hien e Stéck virugoung, huet hien dem Zebedäus säi Jong, de Jakobus, an deem säi Brudder, de Johannes, gesinn;

si waren am Naachen amgaang, hir Netzer an d'Rei ze maachen. [20] Gaangs huet hien si geruff, an dunn hunn si hire Papp, den Zebedäus, bei den Doléiner am Naachen zréckgelooss a gounge fort, dem Jesus no.

[21] Si goungen a Kapharnaum eran, a gläich deen nächste Sabbat ass de Jesus an d'Synagog gaang an huet d'Leit geléiert. [22] Si waren ausser sech iwwer seng Léier, well hien huet si geléiert wéi een, deen Autoritéit huet, an net wéi d'Schrëftgeléiert.

[23] Grad du war an hirer Synagog een, dee vun engem onrenge Geescht besiess war. Hien huet ugefaang ze jäizen: [24] „Wat hu mir mat dir ze doen, Jesus vun Nazareth? Bass du komm, fir äis ze zerstéieren? Ech weess, wien s du bass: den Hellegen, dee vum Herrgott kënnt!" [25] Dunn huet de Jesus him gedreet: „Sief roueg a fuer aus deem Mënsch do eraus!" [26] Dueropshin huet deen onrenge Geescht dee Besiessenen hin an hier gerappt, huet haart gejaut an ass aus him erausgefuer. [27] Doriwwer waren d'Leit alleguer erféiert, an si hunn een deen anere gefrot: „Wat ass dat do? – Eng nei Léier, a mat wat fir enger Autoritéit! An hie gëtt esouguer deenen onrenge Geeschter en Uerder, an si follegen him!" [28] An säi Ruff huet sech gaangs a ganz Galiläa verbreet.

[29] Soubal si aus der Synagog erauskomm waren, sinn si mat dem Jakobus an dem Johannes an d'Haus vum Simon a vum Andreas gaang. [30] Do louch dem Simon seng Schwéiermamm mat Féiwer am Bett. Si hunn dem Jesus gläich vun hir erzielt. [31] Dueropshin

ass hie bei d'Fra gaang, huet si mat der Hand geholl an huet si opgeriicht. D'Féiwer ass vun hir gewach, an si huet si bedéngt.

[32] Wéi et awer Owend gouf – d'Sonn war schonn ënnergaang –, hunn d'Leit all déi bei hie bruecht, déi krank a vun Dämone besiess waren. [33] D'ganz Stad war virun der Dier versammelt. [34] De Jesus huet der vill geheelt, déi allméiglech Krankheeten haten, an hien huet vill Dämonen ausgedriwwen. Dobäi huet hien d'Dämonen awer net zu Wuert komme gelooss, well si woussten, wien hie war.

[35] An aller Fréi – et war nach däischter – ass hien opgestan, ass fortgaang an huet sech eng ofgeleeë Plaz gesicht; do huet hie gebiet. [36] De Simon an déi, déi bei him waren, sinn him nogaang, [37] a wéi si hie fonnt haten, soten si zu him: „Si sichen dech alleguer." [38] Du sot hien zu hinnen: „Loosse mer anzwousch anescht higoen, an d'Dierfer hei ronderëm, fir datt ech och do [d'Evangelium] verkënnege kann; duerfir sinn ech jo fortgaang."

[39] An hien ass duerch ganz Galiläa gaang, huet an hire Synagogen [d'Evangelium] verkënnegt an huet d'Dämonen ausgedriwwen. [40] Dunn ass en Aussätzegen op de Jesus duerkomm an huet hien ëm Hëllef gebieden. Hien ass virun him op d'Knéie gefall a sot: „Wann s du wëlls, kanns du maachen, datt ech reng ginn[c]." [41] De Jesus, deem et am Häerz wéigedoen huet fir de Mann, huet d'Hand ausgestreckt, huet deen Aussätzege beréiert a sot zu him: „Ech

wëll: Gëff reng!" [42] Am selwechten Ament ass den
Aussaz vum Mann gewach, an hie war reng. [43] De
Jesus huet hien direkt fortgeschéckt an him aus-
drécklech un d'Häerz geluecht: [44] „Maach, datt s du
kengem eppes sees, ma géi, weis dech dem Priister
an affer fir deng Rengegung dat, wat de Moses vir-
geschriwwen huet, als Zeegnes fir si!" [45] De Mann
awer ass fortgaang an huet ugefaang, Jann a Mann
z'erzielen, wat geschitt war, an d'Noriicht dovun do-
rëmmer ze verbreeden. Esou konnt de Jesus sech net
méi an enger Stad weisen, an hien huet sech nëmme
méi dobaussen op ofgeleeëne Plazen opgehal. An
dach koumen d'Leit vun iwwerall hier bei hien.

---

[a] Evangelium heescht iwwersat „gutt Noriicht".
[b] Is 40,3 LXX; Ex 23,20; Mal 3,1.
[c] Reng ginn oder reng sinn respektiv rengegen betreffen
esouwuel d'Gesondheet wéi och déi kultesch Rengheet. E
Mënsch, deen onreng war, war och aus der Gesellschaft
ausgeschloss.

2 [1] E puer Deeg drop ass de Jesus nees op Ka-
pharnaum komm. Dunn hunn d'Leit héieren, datt
hien do an engem Haus war. [2] Et sinn esouvill Leit
zesummekomm, datt keng Plaz méi war, esouguer
net virun der Dier, an hien huet hinnen d'Wuert
verkënnegt. [3] Du sinn der komm, déi e Gelähmte bei
de Jesus bruecht hunn. Si waren zu hirer véier, fir de
Mann ze droen. [4] Well si dee Gelähmte wéinst deene

sëllege Leit net bis bei hie brénge konnten, hunn si do, wou de Jesus war, den Daach ofgedeckt an e Lach dra gemaach, fir d'Brëtsch mat deem Gelähmten erofzeloossen. 5 Wéi de Jesus hire Glaf gesinn huet, sot hien zu deem Gelähmten: „Kand, deng Sënne sinn dir nogelooss!" 6 Elo souzen der awer en etlech vun de Schrëftgeléierten do, déi an hirem Häerz geduecht hunn: 7 „Wat geet deen do un, esou ze schwätzen?! Hie lästert den Herrgott! Wie kann da Sënnen noloossen, wann net den Herrgott eleng?!" 8 De Jesus, dee gläich an sengem Geescht erkannt hat, datt si esou bei sech geduecht hunn, sot zu hinnen: „Firwat denkt dir esou eppes an ärem Häerz? 9 Wat ass da méi liicht: zu deem Gelähmten ze soen: ‚Deng Sënne sinn dir nogelooss!', oder ze soen: ‚Stéi op, huel deng Brëtsch a géi!'? 10 Dir sollt awer wëssen, datt de Mënschejong Muecht huet, op der Äerd Sënnen nozeloossen." An hie sot zu deem Gelähmten: 11 „Ech soen dir: Stéi op, huel deng Brëtsch a géi heem!" 12 Dunn ass dee Gelähmten opgestan, huet eenzock seng Brëtsch geholl an ass bei hinnen zou erausgaang, esou datt d'Leit alleguer ausser sech waren. Si hunn den Herrgott gelueft a soten: „Esou eppes hu mir nach ni gesinn!"

13 Dunn ass de Jesus nees eraus bei de Séi gaang, an déi sëllege Leit si bei hie komm, an hien huet si geléiert. 14 Wéi hien do laanschtgaang ass, huet hien de Levi, dem Alphäus säi Jong, beim Oktroishaische

sëtze gesinn a sot zu him: „Komm mir no!" Dunn ass de Mann opgestan an ass him nogaang.

15 A wéi de Jesus am Levi sengem Haus war, hunn sech vill Steierandreiwer a Sënner mat him an senge Jünger un den Dësch gesat; et sinn der nämlech vill him nogaang. 16 De Pharisäer hir Schrëftgeléiert, déi gesinn hunn, wéi hien zesumme mat de Sënner an de Steierandreiwer giess huet, soten zu senge Jünger: „Firwat ësst hie mat de Steierandreiwer an de Sënner?" 17 Ma de Jesus huet et héieren a sot zu hinnen: „Et sinn net déi Gesond, déi en Dokter brauchen, ma déi Krank. Ech sinn net komm, fir déi Gerecht ze ruffen, ma d'Sënner."

18 Dem Johannes seng Jünger an d'Pharisäer hu gefaascht. Du koumen der a soten zum Jesus: „Firwat faaschten dem Johannes seng Jünger an de Pharisäer hir Jünger, ma deng Jünger, déi faaschten net?" 19 De Jesus sot zu hinnen: „Kënnen dann éiren d'Hochzäitsgäscht faaschten, soulaang wéi de Bräitchemann bei hinnen ass? Soulaang wéi si de Bräitchemann bei sech hunn, kënnen si net faaschten. 20 Ma den Dag kënnt, wou de Bräitchemann vun hinnen ewechgeholl gëtt; deen Dag, da faaschten si. 21 't gëtt keen, deen e Stéck ongewallekte Stoff op en ale Mantel bitze géif; soss rappt d'Fléck sech dervu lass, dat Neit vum Alen, an de Rass gëtt nach méi uerg. 22 't gëtt och keen, deen neie Wäin an al Schläich schëdde géif; soss deet de Wäin d'Schläich

platzen, an esouwuel de Wäi wéi och d'Schläich gi futti. Villméi gehéiert neie Wäin an nei Schläich!"

²³ An et huet sech esou fonnt, datt de Jesus op engem Sabbat duerch d'Karstécker gaang ass. Ënnerwee hunn seng Jünger ugefaang, Éien ofzerappen. ²⁴ Du soten d'Pharisäer zu him: „Kuck dach nëmmen, firwat maachen si eppes, wat um Sabbat net erlaabt ass?" ²⁵ Dunn huet hien hinne geäntwert: „Hutt dir nach ni gelies, wat den David gemaach huet, wéi hien näischt hat an hongereg war, hien an déi, déi bei him waren, ²⁶ a wéi hien dunn an dem Herrgott säin Haus gaang ass – et war zur Zäit vum Hohepriister Abjatar – an dat geweitent Brout giess huet, obschonns ausser de Priister keen et huet däerfen iessen, a wéi hien och deenen, déi bei him waren, däers Brout ginn huet?" ²⁷ An de Jesus sot zu hinnen: „De Sabbat ass do fir de Mënsch, an net de Mënsch fir de Sabbat. ²⁸ Duerfir ass de Mënschejong Här a Meeschter och iwwer de Sabbat."

3 ¹ De Jesus ass nees an d'Synagog gaang. Do war e Mann, deen eng verkrëppelt Handᵃ hat. ² Si hunn de Jesus am A behal an uechtgedoen, ob hien de Mann um Sabbat heele géif, fir datt si hien ukloe kéinten. ³ Du sot hien zu deem Mann mat där verkrëppelter Handᵇ: „Stéi op a stell dech an d'Mëtt!" ⁴ An zu hinne sot hien: „Ass et erlaabt, um Sabbat Guddes

ze doen, oder soll ee Béises maachen? Soll ee Liewe retten oder awer doutmaachen?" Si hu kee Wuert gesot. ⁵ Hien huet si der Rei no voller Roserei bekuckt a war verdrësserlech wéinst hire verstengerten Häerzer. Du sot hien zum Mann: „Streck deng Hand aus!" De Mann huet se ausgestreckt, an d'Hand war geheelt. ⁶ Du sinn d'Pharisäer erausgaang, an si hunn sech gläich mat dem Herodes senge Leit doriwwer beroden, wéi si de Jesus ëmbrénge kéinten.

⁷ De Jesus huet sech mat senge Jünger zréckgezunn bei de Séi, an eng Onmass Leit aus Galiläa sinn him nogaang. Och aus Judäa, ⁸ vu Jerusalem, aus Idumäa, vun déisäit dem Jordan a vu ronderëm Tyrus a Sidon sinn eng Hällewull Leit bei hie komm, wéi si héieren hunn, wat hie gemaach huet. ⁹ Dunn huet hien zu senge Jünger gesot, si sollten him wéinst de ville Leit en Naache prett halen, fir datt d'Leit hien net erdrécke géifen. ¹⁰ Hien huet der nämlech vill geheelt, esou datt déi, déi e Gebriechen haten, sech op hie gestierzt hunn, fir hie beréieren ze kënnen. ¹¹ A wann déi onreng Geeschter hie gesinn hunn, sinn si virun him op d'Knéie gefall an hu gejaut: „Du bass dem Herrgott säi Jong!" ¹² Hien awer huet hinnen den Uerder ginn, hien net [doruechter] bekannt ze maachen.

¹³ Dunn ass hien op de Bierg geklomm an huet déi bei sech geruff, déi hie wollt. An si si bei hie komm. ¹⁴ Hien huet der zwielef bestëmmt, [déi och Apostele genannt ginn,] fir datt si bei him wären, fir

datt hien si erausschécke kéint fir ze verkënnegen, [15] a fir datt si d'Muecht hätten, d'Dämonen auszedreiwen. [16] [Hien huet der also zwielef bestëmmt.] Dunn huet hien dem Simon den Numm Péitrus ginn; [17] dem Jakobus, dem Zebedäus sengem Jong, an dem Johannes, dem Jakobus sengem Brudder, huet hien den Numm Boanerges ginn, dat heescht „dem Donner seng Jongen". [18] [Hien huet och nach] den Andreas, de Philippus, de Bartholomäus, de Matthäus, den Thomas an de Jakobus, dem Alphäus säi Jong, den Thaddäus an de Simon, de Kananäer, [bestëmmt,] [19] grad ewéi de Judas Iskariot, deen, deen hien [herno] ausgeliwwert huet.

[20] De Jesus ass an en Haus eragaang, an nees sinn esou vill Leit zesummekomm, datt si net emol derzou komm sinn, eng Kuuscht z'iessen. [21] Wéi seng Leit dervun héieren hunn, hunn si sech op de Wee gemaach, fir hie mat ewechzehuelen. Si soten nämlech, hie wär net méi bei Trouscht.

[22] Déi Schrëftgeléiert, déi vu Jerusalem erofkomm waren, soten: „Hien huet de Beelzebul an sech!", an: „'t ass duerch deen Ieweschte vun den Dämonen, wou hien d'Dämonen ausdreift!"

[23] Dunn huet de Jesus si erbäigeruff an hinne Gläichnesser erzielt: „Wéi kann de Satan de Satan ausdreiwen? [24] Wann e Räich an sech oneens ass, da bleift dat Räich net bestoen. [25] A wann en Haus an sech oneens ass, da bleift dat Haus net bestoen. [26] Wann elo de Satan sech géint sech selwer erhieft a

mat sech oneens ass, da bleift hien net bestoen, an et ass eriwwer mat him. 27 Et ka keen an engem Staarke säin Haus abriechen an him seng Saache stielen, wann hien net virdrun dee Staarke gebonnen huet; eréischt duerno kann hien d'Haus ausraiberen.

28 Amen, ech soen iech: Alles gëtt de Mënsche verzien, hir Sënnen an hir Lästerungen, och wann si nach esou vill lästeren. 29 Wien awer géint den Hellege Geescht lästert, dee kritt an Éiwegkeet net verzien, ma eng éiweg Sënd läit op him." 30 Si haten nämlech gesot: „Hien huet en onrenge Geescht an sech."

31 Wéi dunn seng Mamm an seng Bridder ukoumen, sinn si dobausse stoe bliwwen an hunn hie ruffe gelooss. 32 Et souze vill Leit ronderëm hien. Si soten zu him: „Kuck, deng Mamm, deng Bridder an deng Schwëstere sinn dobaussen, si sichen dech!" 33 Dunn huet hien hinne geäntwert: „Wien ass dat, meng Mamm a meng Bridder?" 34 Hien huet ronderëm sech gekuckt op déi, déi am Krees ëm hie souzen, a sot: „Kuck, dat hei si meng Mamm a meng Bridder! 35 Wien dat mécht, wat den Herrgott wëllt, deen ass mäi Brudder, meng Schwëster a meng Mamm."

---

a Wuertwiertlech: eng verdréchent Hand.
b Wuertwiertlech: mat där verdréchenter Hand.

4 ¹ Beim Séi huet hien nees ugefaang, [d'Leit] ze léieren. Ganz vill Leit si bei him zesummekomm, esou datt hien an en Naache geklomm ass an sech um Séi gesat huet, iwwerdeems d'Leit alleguer u Land beim Séi stoungen. ² An hien huet si a Gläichnesser villes geléiert an hinnen an senger Léier gesot:

³ „Lauschtert! E Mann ass erausgaang fir ze séien. ⁴ Iwwerdeems hie geséit huet, ass et geschitt, datt en Deel vum Som op de Wee gefall ass, an d'Vigel si komm an hunn en opgepickt. ⁵ En aneren Deel ass op stengege Grond gefall, wou net vill Buedem war, an huet eenzock ugefaang opzegoen, well de Buedem keng Déift hat. ⁶ A wéi dunn d'Sonn opgaang ass, gouf e versengt, a well e keng Wuerzelen hat, ass e verdréchent. ⁷ Nach en aneren Deel ass an d'Däre gefall, an d'Däre si gewuess an hunn en erstéckt, an en huet keng Fruucht bruecht. ⁸ En aneren Deel schlüsslech ass op gudde Buedem gefall an huet Fruucht bruecht; en ass opgaang, ass gewuess an huet 30-fach, 60-fach an 100-fach [gedroen]." ⁹ An de Jesus sot: „Wien Oueren huet fir ze lauschteren, dee soll lauschteren!"

¹⁰ Wéi hien [nees] fir sech war, hunn déi, déi mat deenen Zwielef nach ronderëm hie stoungen, hien [nom Sënn] vun de Gläichnesser gefrot. ¹¹ Du sot hien zu hinnen: „Iech ass d'Geheimnes vum Herrgott sengem Räich ginn; fir déi dobaussen awer gëtt et dat alles a Gläichnesser, ¹² *fir datt si kucke kennen an och kucken, an awer net gesinn, a fir datt si héiere kennen an*

och héieren, an awer net verstinn, esou datt si sech net be-
kéieren an hinnen och net verzie gëtt. " ᵃ

¹³ An hie sot zu hinnen: „Dir bekäppt [emol] dat
heite Gläichnes net. A wéi [wëllt dir dann] all [déi
aner] Gläichnesser begräifen? ¹⁴ Deen, dee séit, séit
d'Wuert. ¹⁵ Déi op dem Wee, dat sinn déi hei: Wann
d'Wuert geséit gëtt, an si et héieren, da kënnt direkt
de Satan an hëlt d'Wuert ewech, dat an si geséit ginn
ass. ¹⁶ Déi, déi op stengege Grond geséit ginn, dat
sinn déi hei: Wann si d'Wuert héieren, huelen si et
direkt voll Freed op, ¹⁷ ma si hu keng Wuerzelen an
halen net laang duer; wann dann Zäite vun Nout
oder Verfolgung wéinst dem Wuert kommen, falen
si gläich ëm. ¹⁸ An déi, déi an d'Däre geséit ginn: Dat
sinn déi, déi d'Wuert héieren hunn, ¹⁹ ma d'Suerge
vun dëser Welt, de Reiz vum Räichtum an all aner
Begier, dee kënnt, erstécken d'Wuert, an et bleift
ouni Fruucht. ²⁰ Déi awer, déi op gudde Buedem
geséit ginn, dat sinn déi hei: Si héieren d'Wuert an
huelen et un a bréngen da Fruucht – 30-fach, 60-
fach an 100-fach."

²¹ Weider sot hien zu hinnen: „Et hëlt een net
eng Luucht, fir se ënner e Sieschter oder ënner
d'Bett ze stellen. Stellt een se net [éischter] op e
Liichter? ²² Well et ass näischt verbuergen, et sief
dann, fir datt et gewise gëtt, an et gëtt näischt Ver-
stopptes, et sief dann, fir datt et an d'Ëffentlechkeet
kënnt. ²³ Wien Oueren huet fir ze lauschteren, dee
soll lauschteren!" ²⁴ An hie sot zu hinnen: „Dot

uecht op dat, wat dir héiert! Mat där Mooss, mat där dir moosst, gëtt fir iech gemooss a gëtt iech ginn. ²⁵ Well wien huet, kritt nach derbäi. Ma wien net huet, kritt och nach dat ewechgeholl, wat hien huet."

²⁶ An hie sot: „Mam Herrgott sengem Räich ass et esou, wéi wann een säi Feld aséit. ²⁷ Et geet een owes schlofen an 't steet ee muerges op, de Som kéngt a wiisst, an et weess een net wéi. ²⁸ De Buedem bréngt vun sech aus Fruucht, fir d'éischt den Hallem, dann d'Éi, dann déi färdeg Kären an der Éi. ²⁹ Soubal d'Fruucht zeideg ass, hëlt een d'Séchel erbäi, well et un der Zäit ass, fir d'Fruucht eranzehuelen."

³⁰ A weider sot hien: „Woumat solle mir dem Herrgott säi Räich vergläichen? Mat wat fir engem Gläichnes solle mir et beschreiwen? ³¹ Et ass wéi e Moschterkär, deen, wann e geséit gëtt, dee klengsten ass vun alle Somkären op der Welt. ³² Ass en awer bis geséit, da wiisst en an d'Luucht a gëtt méi grouss wéi all déi aner Gaardeplanzen, an en dreift déck Äscht, esou datt d'Vigel vum Himmel an sengem Schiet hir Näschter baue kënnen."

³³ Mat villen där Gläichnesser huet hien de Leit d'Wuert auseneegeluecht, esou wéi si et verstoe konnten. ³⁴ Ouni Gläichnesser huet hien hinnen näischt verzielt; senge Jünger awer huet hien alles erkläert, wann si ënner sech waren.

³⁵ Deeselwechten Dag, géint der Owend, sot hien zu hinnen: „Loosse mer op déi aner Säit fueren."

36 Si hunn d'Leit fortgeschéckt, an si hunn hien an deem Naachen, an deem hien nach ëmmer dra souz, matgeholl. Et waren och nach aner Naachen derbäi. 37 Dunn ass en ellene Stuerm opkomm, de Wand huet gehurelt, an d'Wellen hunn héich an den Naachen erageschloen, esou datt d'Waasser héich dra stoe bliwwen ass. 38 De Jesus louch hannen am Naachen op engem Këssen an huet geschlof. Si hunn hie waakreg gemaach a geruff: „Meeschter, mécht et dir näischt aus, datt mir hei zugronn ginn?" 39 Hien ass opgestan, huet dem Wand gedreet a sot zum Mier: „Gëff dech, hal op!" Dunn huet de Wand sech geluecht, an d'Mier huet sech berouegt. 40 De Jesus sot zu hinnen: „Firwat fäert dir esou? Hutt dir dann nach ëmmer kee Glaf?" 41 Si awer hunn eng Doudangscht kritt a soten een zum aneren: „Wien ass deen do, datt esouguer de Wand an d'Mier him follegen?"

---

a Is 6,9-10.

5 1 Du sinn si op déi aner Säit vum Séi an d'Land vun de Gerasener gefuer. 2 Wéi de Jesus aus dem Naachen erausgeklomm ass, ass him vun de Griewer erfort direkt e Mann entgéintkomm, dee vun engem onrenge Geescht besiess war 3 an seng Wunnecht an de Grafhillechten hat. Et konnt mol keen hie mat enger Ketten ustrécken, 4 well hie schonn dacks mat

Foussfesselen a mat Ketten ugestréckt gi war, ma all Kéier hat hien d'Kette futti gerappt an d'Fouss-fesselen zerrass. Kee konnt hie bändegen: 5 Dag an Nuecht huet hien an de Grafhillechten an an de Bierger gejaut an sech mat Steng geschloen. 6 Wéi hien elo de Jesus vu wäitem gesinn huet, ass hien dohigelaf an huet sech virun him op de Buedem gehäit. 7 Hien huet haart gejaut: „Wat hunn ech mat dir ze doen, Jesus, Jong vum Herrgott, deem Allerhéchsten? Ech beschwieren dech: Péngeg mech net!" 8 De Jesus hat nämlech zu him gesot: „Fuer aus deem Mënsch do eraus, du onrenge Geescht!" 9 De Jesus huet hien du gefrot: „Wéi heeschs du?" Hien huet geäntwert: „Ech heesche ‚Legioun', well mir sinn zu dacks." 10 An hien huet de Jesus mat No-drock gebieden, si net aus deem Landstreech fort-zeschécken. 11 Do beim Bierg war awer e groussen Trapp Schwäin op enger Weed. 12 Dunn hunn si hie gebieden: „Schéck äis bei d'Schwäin, fir datt mir an si fueren!" 13 An hien huet hinnen et erlaabt. Du sinn déi onreng Geeschter [aus dem Mann] erausgefuer an an d'Schwäin eragefuer. Dee ganzen Trapp huet sech vum Fiels erof an d'Mier gestierzt, eng 2.000 Schwäin, an se sinn am Mier ersoff.

14 De Schwäin hir Hierden awer si fortgelaf an hunn et an der Stad an an den Dierfer erzielt. Du sinn [d'Leit] komm, fir ze gesinn, wat geschitt war. 15 Wéi si bei de Jesus koumen, hunn si dee Be-siessenen — deen, dee virdrun d'Legioun onreng

Geeschter an sech hat [a] – [do] sëtze gesinn, ugedoen a bei Verstand. Dunn hunn si et mat der Angscht ze doe kritt. [16] Déijéineg, déi gesinn haten, wéi dat mat deem Besiessenen a mat de Schwäi gaang war, hunn hinnen et verzielt. [17] Dueropshin hunn si ugefaang, de Jesus ze bieden, aus hirem Gebitt fortzegoen.

[18] Wéi hien dunn an den Naache geklomm ass, huet deen, dee [virdru vun onrenge Geeschter] besiess war, hie gebieden, bei him kënnen ze bleiwen. [19] De Jesus awer huet him et net erlaabt, ma sot zu him: „Géi heem bei deng Leit an erziel hinnen, wat den Här fir dech gemaach a wéi hien sech denger erbaarmt huet!" [20] Dunn ass de Mann fortgaang an huet ugefaang, an der Dekapolis ze verkënnegen, wat de Jesus alles fir hie gemaach hat. An all hunn si sech gewonnert.

[21] Nodeems de Jesus nees mam Naachen op déi aner Säit gefuer war, hunn sech ganz vill Leit ëm hie versammelt – hie stoung nach beim Séi. [22] Du koum ee vun de Verantwortleche vun der Synagog, dee Jaïrus geheescht huet. Wéi hien de Jesus gesinn huet, huet hien sech virun him op de Buedem gehäit [23] an sech drugehal mat Biedelen: „Meng kleng Duechter läit um Stierwen – komm dach a lee hir d'Hänn op, fir datt si gerett gëtt an um Liewe bleift!" [24] Dunn ass de Jesus mat him gaang. Ganz vill Leit sinn him nogaang an hunn sech ëm hie gedréckt.

[25] Do war och eng Fra, déi zënter zwielef Joer Bluddungen hat. [26] Si hat bei villen Doktere scho vill

matgemaach an hiert ganzt Verméigen ausginn, ma et huet näischt eppes gedéngt – am Géigendeel, et ass nëmmen nach méi uerg ginn. [27] Well si vum Jesus héieren hat, ass si an der Wull Leit vun hannen erbäikomm an huet säi Mantel ugepaakt. [28] Si huet sech nämlech gesot: „Wann ech och nëmmen säi Mantel upaken, da ginn ech gerett!" [29] Direkt huet d'Blutt opgehal mat Lafen, an si huet gespiert, datt si vun der Krankheet geheelt war. [30] A gradesou direkt huet de Jesus gespiert, datt eng Kraaft vun him ausgaang war, an hien huet sech am Gewulls ëmgedréit a sot: „Wien huet mäi Mantel ugepaakt?" [31] Seng Jünger soten zu him: „Du gesäis dach, wéi all déi Leit sech ëm dech drécken, an du frees nach: ‚Wien huet mech ugepaakt?'!" [32] De Jesus huet ronderëm sech gekuckt, fir ze gesinn, wien et war. [33] Du koum d'Fra. Si hat Angscht an huet geziddert, well si wousst, wat mat hir geschitt war. Si ass virun him op d'Knéie gefall an huet him d'ganz Wourecht gesot. [34] De Jesus sot zu hir: „Meng Duechter, däi Glaf huet dech gerett: Géi a Fridden a sief vun denger Krankheet geheelt!"

[35] Iwwerdeems hien nach geschwat huet, sinn dem Jaïrus senger Leit komm a soten: „Deng Duechter ass dout – wuerfir soll een de Meeschter elo nach ploen?" [36] De Jesus awer, dee matkrut, wat si soten, sot zu deem Verantwortleche vun der Synagog: „Fäert net, gleef nëmmen!" [37] An hien huet kee matgoe gelooss wéi just de Péitrus, de Jakobus an de

Johannes, dem Jakobus säi Brudder. [38] Wéi si bei deem Verantwortleche vun der Synagog säin Haus koumen, huet de Jesus d'Oprou gesinn an d'Fraen, déi gekrasch an haart gejéimert hunn. [39] Hien ass an d'Haus eragaang a sot zu de Leit: „Firwat sidd dir an enger Oprou, a firwat kräischt dir? D'Kand ass net dout, et schléift nëmmen!" [40] Dunn hunn si hien ausgelaacht. De Jesus awer huet si all erausgehäit, huet dem Kand säi Papp an seng Mamm an déi dräi Jünger, déi hie bei sech hat, matgeholl an ass duer eragaang, wou d'Kand louch. [41] Iwwerdeems hien dem Kand seng Hand gehoell huet, sot hien zu him: „Talitha qum", dat heescht iwwersat: „Meedchen, ech soen dir: Gëff waakreg!" [42] An direkt ass d'Meedchen opgestan an ass doruechter gaang; hatt hat zwielef Joer. Déi, déi derbäi waren, ware komplett ausser sech. [43] Dunn huet de Jesus hinnen ausdrécklech un d'Häerz geluecht, et däerft keen eppes dovu gewuer ginn, an hie sot, si sollten dem Meedchen eppes z'iesse ginn.

---

[a] Wuertwiertlech: deen, deen d'‚Legioun‘ hat.

6 [1] De Jesus ass vun do fortgaang an an säin Heemechtsduerf komm, an seng Jünger sinn him nokomm. [2] Um Sabbat huet hien an der Synagog ugefaang, d'Leit ze léieren, a vill vun deenen, déi nogelauschtert hunn, waren ausser sech a soten: „A

wou huet hien dat alles hier? Wat ass dat fir eng Weisheet, déi him ginn ass, a wat sinn dat fir Wonner, déi hie wierkt? [3] Ass hien net den Zammermann, der Maria hire Jong, dem Jakobus, dem Joses, dem Judas an dem Simon hire Brudder? Sinn seng Schwësteren net hei bei äis?" An si hunn Ustouss un him geholl. [4] De Jesus sot zu hinnen: „E Prophéit gëtt néierens veruecht, nëmme just an sengem Heemechtsduerf, an senger Famill an an sengem Haus." [5] Hie konnt do kee Wonner wierken, just e puer Kranken huet hien d'Hänn opgeluecht an si geheelt. [6] An hien huet sech iwwer hiren Onglaf gewonnert. Dueropshin ass hien an d'Dierfer ronderëm gaang an huet do d'Leit geléiert.

[7] Dunn huet hien déi Zwielef bei sech geruff an huet ugefaang, si zu zwéin an zwéin erauszeschécken. Hien huet hinnen Autoritéit iwwer déi onreng Geeschter ginn [8] an huet hinnen un d'Häerz geluecht, ausser engem Staf näischt fir ënnerwee matzehuelen, kee Brout, kee Kuuschtesak, keng Suen am Beidel. [9] Sandale sollten si undoen, awer keng zwee Hiemer. [10] A weider sot hien zu hinnen: „Wou dir och ëmmer an en Haus eragitt, do bleift, bis dir nees aus deem Duerf fortgitt. [11] Wann dir an engem Duerf net opgeholl gitt an si iech net nolauschtere wëllen, da gitt ärer Wee, an als Zeegnes fir si sollt dir de Stëbs vun äre Féiss erofrëselen." [12] Si hunn sech op de Wee gemaach an hunn de Leit verkënnegt, si sollten ëmdenken. [13] Si hu vill Dämonen ausge-

driwwen, an si hu vill Kranker mat Ueleg gesaleft an si geheelt.

14 De Kinnek Herodes huet [vum Jesus] héieren, well säin Numm bekannt gi war, an d'Leit soten: „De Johannes den Deefer ass aus dem Doud erwächt ginn, duerfir wierke Wonnerkräften an him!" 15 Anerer awer soten: „Hien ass den Elias." Nach anerer soten: „E Prophéit, wéi soss ee vun de Prophéiten." 16 Nodeems den Herodes dat héieren hat, sot hien: „Deen, deen ech käppe gelooss hunn, de Johannes, ass [aus dem Doud] erwächt ginn."

17 Den Herodes selwer hat [der] nämlech geschéckt, fir de Johannes festhuelen ze loossen. Hien hat hien an de Prisong geheie gelooss wéinst der Herodias, sengem Brudder senger Fra, mat där hien sech bestuet hat. 18 De Johannes hat nämlech zu him gesot: „Et ass dir net erlaabt, dengem Brudder seng Fra [fir Fra] ze hunn." 19 Dowéinst hat d'Herodias et op [de Johannes] sëtzen, an si hätt hie gär doutmaache gelooss, ma et war hir net méiglech, 20 well den Herodes Angscht virum Johannes hat. Hie wousst, datt deen e gerechten an hellege Mann war. Duerfir huet hien Hand iwwer de Johannes gehal, a wann hien him nogelauschtert huet, war hien dacks verleeën, an dach huet hien him gär nogelauschert.

21 Du koum en Dag, dee geleeë war: Wéi den Herodes op sengem Gebuertsdag en Iesse ginn huet fir seng Notabilitéiten, seng Kommandanten an déi Iewescht aus Galiläa, 22 koum der Herodias hir

Duechter eran. Si huet gedanzt an dem Herodes an deenen, déi mat him um Dësch waren, gefall. Du sot de Kinnek zum Meedchen: „Fro vu mir, wat s du wëlls, an ech ginn dir et!" 23 Hien huet him dat [méi dacks] widderholl a geschwuer: „Wat s du och ëmmer vu mir frees, ech ginn dir et, a sief et d'Halschecht vu mengem Räich!" 24 Hatt ass erausgaang an huet seng Mamm gefrot: „Wat soll ech [mir vun him] froen?" Si huet him geäntwert: „Dem Johannes dem Deefer säi Kapp!" 25 Hatt huet sech geflass an ass direkt bei de Kinnek eragaang an huet zu him gesot: „Ech wëll, datt s du mir eenzock op engem Teller dem Johannes dem Deefer säi Kapp gëss!" 26 Dunn ass de Kinnek déiftraureg ginn. Ma wéinst sengem Eed a wéinst deenen, déi mat him um Dësch waren, wollt hien hatt net ofweisen. 27 Hien huet direkt en Zaldot lassgeschéckt mam Uerder, fir [him dem Johannes] säi Kapp ze bréngen. Deen ass higaang an huet de Johannes am Prisong gekäppt. 28 Hien huet de Kapp op engem Teller bruecht an dem Meedchen en iwwerreecht, an dat huet senger Mamm e ginn. 29 Wéi dem Johannes seng Jünger dat héieren hunn, sinn si dohikomm. Si sinn seng Läich siche gaang an hunn se an engem Graf begruewen.

30 D'Apostele si beim Jesus zesummekomm an hunn him alles erzielt, wat si gemaach a wat si d'Leit geléiert haten. 31 Du sot hien zu hinnen: „Kommt mat op eng ofgeleeë Plaz, wou dir fir iech sidd, a rascht e bësschen!" Et sinn nämlech esou vill Leit

komm a gaang, datt si net emol Zäit fonnt hu fir z'iessen.

³² Du sinn si mam Naache fortgefuer op eng ofgeleeë Plaz, wou si fir sech waren. ³³ Ma eng Rei Leit hunn si gesi fortfueren, a vill sinn der et gewuer ginn. Zu Fouss sinn si aus alle Stied mateneen dohigelaf, an si waren nach virum Jesus an den Apostelen do.

³⁴ Wéi de Jesus aus dem Naache geklomm ass, huet hien all déi Leit gesinn. Et huet him am Häerz wéigedoen, well si ware *wéi Schof, déi keen Hiert hunn* ᵃ, an hien huet ugefaang, si villes ze léieren.

³⁵ Wéi et scho spéit gi war, koumen seng Jünger bei hien a soten: „Déi Plaz hei ass ofgeleeën an 't ass scho spéit. ³⁶ Schéck si fort, fir datt si op d'Häff an an d'Dierfer ronderëm ginn an sech eppes z'iesse kafen!" ³⁷ Hien awer huet hinne geäntwert: „Gitt dir hinnen z'iessen!" Ma si soten zu him: „Solle mir higoen a fir 200 Sëlwermënze Brout kafen an hinnen z'iesse ginn?" ³⁸ Du sot hien zu hinnen: „Wéivill Brout hutt dir? Gitt kucken!" Wéi si et bis woussten, soten si: „Fënnef [Brout] – an zwéi Fësch." ³⁹ Hien awer huet hinnen den Uerder ginn, de Leit all ze soen, si sollten sech a Gruppen op d'gréngt Gras setzen. ⁴⁰ An si hunn sech a Véierecker vun all Kéier 100 oder 50 Leit gesat. ⁴¹ Hien huet déi fënnef Brout an déi zwéi Fësch geholl, huet an den Himmel opgekuckt an huet se geseent. Dunn huet hien d'Brout gebrach an de Jünger et ginn, fir datt si de Leit et ausdeele géifen. Och déi zwéi Fësch huet hien

ënner hinnen all opgedeelt. [42] Si hunn alleguer giess a goufe gesiedegt. [43] Dunn hunn si d'Stécker opgeraaft – zwielef Kierf voll, an och nach [wat rescht war] vun de Fësch. [44] Déi, déi [d'Brout] giess haten, waren hirer 5.000 Männer.

[45] Direkt huet de Jesus seng Jünger gedoen, an den Naache klammen an op déi aner Säit, op Bethsaïda, virfueren, iwwerdeems hien d'Leit fortgeschéckt huet. [46] Hien huet hinnen Äddi gesot an ass op de Bierg eropgaang, fir ze bieden. [47] Et ass Owend ginn, an den Naache war an der Mëtt vum Séi; de Jesus awer war eleng u Land. [48] Wéi hie gesinn huet, datt si beim Ruddere hin an hier gerappt gi sinn, well si Géigewand haten, dunn ass hien an där véierter Nuetswuecht iwwer de Séi op si duergaang, wollt awer laanscht si goen. [49] Wéi si hien iwwer de Séi komme gesinn hunn, hunn si hie fir e Geescht gehalen, an si hu Kreesch gedoen. [50] Well si alleguer hunn hie gesinn a sinn erféiert. Hien awer huet direkt ugefaang mat hinnen ze schwätzen a sot: „Kuraasch! Ech sinn et, fäert net!" [51] Nodeems hie bei si an den Naache geklomm war, huet de Wand sech geluecht. Si awer ware ganz ausser sech[b]. [52] Si haten nämlech dat mam Brout net verstan; hiert Häerz war wéi verstengert. [53] Duerno sinn si eriwwergefuer, a bei Genesareth hunn si ugeluecht a sinn u Land gaang. [54] Wéi si aus dem Naache geklomm waren, hunn [d'Leit] de Jesus direkt erkannt; [55] si sinn an deem ganze Gebitt hin an hier gelaf an hunn uge-

faang, déi Krank op hire Brëtschen dohinner ze droen, wou si héieren hunn, datt de Jesus war. [56] A wou och ëmmer hien an Dierfer, a Stied oder an Häff eragaang ass, hunn [d'Leit] déi Krank op d'Maartplaze bruecht an hie gebieden, datt si wéinstens de Sam vun sengem Mantel beréieren däerften. An all déi, déi e beréiert hunn, goufe gerett.

---

[a] Num 27,17; Jdt 11,19; 2 Chr 18,16.
[b] Wuertwiertlech: Si awer waren an hirem Banneschte ganz ausser sech.

7 [1] D'Pharisäer an eng Rei Schrëftgeléiert, déi vu Jerusalem erofkomm waren, sinn zesumme bei de Jesus gaang. [2] Si hu gesinn, datt e puer vun senge Jünger d'Brout mat onrengen, dat heescht ongewäschenen Hänn giess hunn. [3] D'Pharisäer, wéi d'Judden alleguer, iessen nämlech net, bis si sech d'Hänn gewëssenhaft gewäsch hunn; op déi Manéier halen si fest un der Traditioun vun deenen Eelsten. [4] Och wann si vum Maart kommen, iessen si net, bis si sech gewäsch hunn, an si halen nach u villen anere Bräich fest, déi si iwwerholl hunn, wéi d'Spulle vu Becheren, Kréi a koffer Kesselen oder d'Ofwäsche vun de Bänken. [5] D'Pharisäer an d'Schrëftgeléiert hunn de Jesus also gefrot: „Firwat behuelen deng Jünger sech net esou, wéi d'Traditioun vun deenen

Eelsten et wëllt, ma si iessen d'Brout mat onrengen Hänn?"

[6] Hie sot zu hinnen: „Den Isaias hat recht mat deem, wat hien iwwer iech Schäinhelleg prophezeit huet. Et steet nämlech geschriwwen:

Dat Vollek hei éiert mech mat de Lëpsen,
hiert Häerz awer ass wäit ewech vu mir.
[7] Ma si veréiere mech ëmsoss.
Déi Léieren, déi si d'Leit léieren,
sinn eenzeg an eleng Virschrëfte vu Mënschen![a]

[8] Dir loosst dem Herrgott säi Gebot ausser Uecht an haalt iech un d'Traditioun vun de Mënschen."
[9] An hie sot zu hinnen: „Dir sidd gutt dran, [wann et dröm geet,] dem Herrgott säi Gebot op der Säit ze loossen, fir iech un är Traditioun ze halen! [10] De Moses huet nämlech gesot: ,Éier däi Papp an deng Mamm'[b] an: ,Wien säi Papp oder seng Mamm verflucht, dee soll doutgemaach ginn'[c]. [11] Dir awer sot: ,Wann een zu sengem Papp oder senger Mamm seet ‹Korban›, dat heescht, ech ginn [dem Tempel] dat[d], wat s du vu mir zegutt gehat häss', [12] da loosst dir hien näischt méi maache fir säi Papp oder seng Mamm. [13] Esou hieft dir dem Herrgott säi Wuert op duerch är Traditioun, déi dir iwwerliwwert hutt. An dir maacht nach vill där Saachen!"

[14] Dueropshin huet hien déi sëllege Leit nees bei sech geruff a sot zu hinnen: „Lauschtert mir all no a verstitt dat hei: [15] Näischt, wat vu baussen an de

Mënsch erageet, kann hien onreng maachen, ma dat, wat aus dem Mënsch erauskënnt, dat mécht de Mënsch onreng.

(16) 17 Wéi hien an en Haus eragaang war, fort vun deene ville Leit, hunn seng Jünger hien nom Sënn vun deem Bildwuert gefrot^e. 18 Du sot hien zu hinnen: „Sidd dir dann och schwéier vu Begrëff? Verstitt dir net, datt näischt, wat vu baussen an de Mënsch erageet, hien onreng maache kann^f? 19 Et kënnt nämlech net an säin Häerz, ma an säi Mo, an da gëtt et ausgescheed." Esou huet de Jesus all Iesse fir reng erkläert. 20 An hie sot: „Dat, wat aus dem Mënsch erauskënnt, dat mécht de Mënsch onreng. 21 Well vu bannen eraus, aus de Mënschen hirem Häerz, kommen déi schlecht Absichten, fir oner-laabte Geschlechtsverkéier ze hunn, een ze bestielen, een doutzemaachen, 22 d'Bestietnes ze briechen, geiereg, nidderträchteg an hannerlëschteg ze sinn, iwwer d'Sträng ze schloen, abgaschteg ze sinn, ze lästeren, iwwerhieflech an onverstänneg ze sinn. 23 All dëst Béist kënnt vu bannen eraus a mécht de Mënsch onreng."

24 Hien ass opgestan an ass vun do erfort an d'Géigend vun Tyrus gaang. Well hien net wollt, datt een et gewuer géif ginn, ass hien an en Haus era-gaang. Ma hie konnt net onerkannt bleiwen, 25 well direkt eng Fra, där hiert klengt Meedchen en on-renge Geescht an sech hat, vun him héieren huet. Si ass [dohi]komm an ass him zu Féiss gefall. 26 Elo war

d'Fra eng Griichin, vun hirer Ofstamung hier eng Syrophenizierin, an si huet de Jesus gefrot, fir den Dämon aus hirem Meedchen auszedreiwen. 27 Ma hie sot zu hir: „Looss d'éischt d'Kanner sat ginn, well et ass net gutt, de Kanner hiert Brout ewechzehuelen an et deene klengen Hënn dohinzegeheien." 28 Dueropshin huet d'Fra him geäntwert: „Här, déi kleng Hënn ënner dem Dësch iessen dach awer och de Kanner hir Grimmelen." 29 Du sot hien zu hir: „Well s du dat elo gesot hues, géi: Den Dämon ass aus dengem Meedchen erausgefuer!" 30 Wéi si dunn heemkomm ass, huet si d'Kand an sengem Bett fonnt, an den Dämon war [aus him] erausgefuer.

31 De Jesus ass nees aus dem Gebitt vun Tyrus fortgaang, an hie koum iwwer Sidon bei de Séi vu Galiläa, matzen an d'Gebitt vun der Dekapolis. 32 Dunn hunn d'Leit en Dafstomme bei hie bruecht, an si hunn hie gebieden, him d'Hand opzeleeën. 33 Nodeems de Jesus deen Dafstomme mat op d'Säit geholl hat, huet hien him d'Fangeren an d'Ouere gestach an him seng Zong mat Spaut beréiert. 34 Hien huet an den Himmel opgekuckt, huet déif Otem geholl a sot zu him: „Effatha", dat heescht: „Géi op!" 35 An direkt sinn seng Oueren opgaang, d'Fessel ëm seng Zong huet sech geléist, an hie konnt schwätzen. 36 Dunn huet de Jesus de Leit Uerder ginn, jo nëmme kengem eppes driwwer ze zielen. Ma wat hien hinnen dat méi gesot huet, wat si et méi dorëmmer gezielt hunn. 37 Si waren total ausser sech a

soten: „Hien huet alles gutt gemaach: Hie mécht, datt déi Daf héieren an d'Stëmmercher schwätze kënnen!"

---

[a] Is 29,13 LXX.

[b] Ex 20,12; Dtn 5,16.

[c] Ex 21,17; Lev 20,9.

[d] Wuertwiertlech: ech afferen dat.

[e] Wuertwiertlech: hunn seng Jünger hien iwwer dat Gläichnes ausgefrot.

[f] Wuertwiertlech: datt alles, wat vu baussen an de Mënsch erageet, hien net onreng maache kann.

8 [1] Där Deeg een, wéi nees eng Hällewull Leit do waren an si näischt z'iessen haten, huet de Jesus seng Jünger bei sech geruff an zu hinne gesot: [2] „Et deet mir am Häerz wéi fir déi sëllege Leit, well si si schonn dräi Deeg bei mir, an si hunn näischt z'iessen. [3] Wann ech si eniichter heemschécken, ginn si ënnerwee zesummen. E puer vun hinne komme jo vu wäit hier." [4] Seng Jünger hunn him geäntwert: „Vu wou kann een dann hei an der Wüüst Brout genuch hierhuelen, fir si sat ze kréien?" [5] De Jesus huet si gefrot: „Wéivill Brout hutt dir?" Si soten: „Siwen." [6] Dunn huet hien d'Leit sech op de Buedem sëtze gedoen. Nodeems hien déi siwe Brout geholl an d'Dankgebiet gesot hat, huet hien d'Brout gebrach an senge Jünger et ginn, fir datt si et géife weiderginn; an si hunn de Leit et weiderginn. [7] Si haten och e puer kleng Fësch. Nodeems hien se geseent hat, huet hien [hinnen] déi och weiderginn. ⁸ D'Leit hu giess an si goufe gesiedegt. Si hunn dat, wat rescht war, opgehuewen, siwe Kierf. ⁹ Si waren zu enger 4.000. Dunn huet de Jesus d'Leit fortgeschéckt. ¹⁰ An direkt ass hie mat senge Jünger an en Naache geklomm an an d'Géigend vun Dalmanuta gefuer.

¹¹ Du sinn d'Pharisäer [aus dem Duerf] erauskomm an hunn ugefaang, mat him ze diskutéieren. Si hu vun him en Zeeche vum Himmel gefrot, fir hien op d'Prouf ze stellen. ¹² Hien huet gekeimt a sot: „Firwat fuerdert dës Generatioun en Zeechen? Amen, ech soen iech: Dëser Generatioun gëtt op kee Fall en Zeeche ginn!" ¹³ Dunn huet hien si verlooss, ass nees [an den Naache] geklomm an ass op déi aner Säit gefuer.

¹⁴ Si awer hate vergiess, Brout matzehuelen. Ausser engem Brout haten si näischt bei sech am Naachen. ¹⁵ Dunn huet hien hinnen den Uerder ginn: „Passt op de Pharisäer hiren Deessem op, an och op dem Herodes säin!" ¹⁶ Si awer hunn sech Gedanke gemaach, well si jo kee Brout haten. ¹⁷ Ma de Jesus huet et gemierkt a sot zu hinnen: „Wat maacht dir iech Gedanken, well dir kee Brout hutt? Verstitt dir nach ëmmer net? Begräift dir dann net? Ass äert Häerz esou haart ᵃ? ¹⁸ *Dir hutt Aen, ma dir kuckt net. An dir hutt Oueren, ma dir lauschtert net* ᵇ. Erënnert dir iech dann net? ¹⁹ Wéi ech déi fënnef Brout gebrach

hu fir déi 5.000, wéivill Kierf voll Reschter hutt dir do opgeraaft?" Si soten: „Zwielef." [20] „An déi siwe [Brout] fir déi 4.000? Wéivill Kierf hutt dir du gefëllt mat Reschter, déi dir opgeraaft hat?" Si soten: „Siwen." [21] Du sot hien zu hinnen: „An dach begräift dir net?"

[22] Duerno sinn si op Bethsaïda gaang. [D'Leit] hunn e Blanne bei hie bruecht an hie gebieden, deen ze beréieren. [23] Dunn huet de Jesus deem Blanne seng Hand geholl an hien aus dem Duerf erausgefouert. Hien huet Spaut op seng Ae gemaach[c], him d'Hänn opgeluecht an hie gefrot: „Gesäis du eppes?" [24] Dee Blannen huet d'Aen opgemaach a gesot: „Ech gesi Leit, ech gesinn der ewéi Beem, déi ronderëm ginn." [25] De Jesus huet seng Hand nach eng Kéier op deem Blanne seng Ae geluecht an hien ugekuckt. Dunn hat dee Blannen e klore Bléck a war nees an der Rei, hien huet alles däitlech gesinn. [26] Dueropshin huet de Jesus de Mann heemgeschéckt a sot: „Géi net méi an d'Duerf eran!"

[27] Dunn ass hie mat senge Jünger weidergaang an d'Dierfer ëm Cäsarea Philippi. Ënnerwee huet hien d'Jünger gefrot: „Fir wien halen d'Leit mech?" [28] Si soten zu him: „Déi eng halen dech fir de Johannes den Deefer, anerer fir den Elias, nees anerer fir soss ee vun de Prophéiten." [29] Dunn huet hien si gefrot: „An dir, fir wien haalt dir mech?" De Péitrus huet him geäntwert: „Du bass de Christus!" [30] Duerops-

hin huet de Jesus hinne gedreet an hinne verbueden, mat iergendengem iwwer hien ze schwätzen.

31 An hien huet ugefaang, si doriwwer ze beléieren, datt de Mënschejong villes erleide misst, datt hie vun den Eelsten, den Hohepriister an de Schrëftgeléierte verstouss misst ginn, datt hien doutgemaach misst ginn an no dräi Deeg operstoe misst. 32 Dëst sot hien onverblimmt a riichteraus. Dunn huet de Péitrus hien op d'Säit geholl an huet ugefaang, him Virwërf ze maachen. 33 Iwwerdeems de Jesus sech ëmgedréit huet, huet hien seng Jünger gekuckt an huet sengersäits dem Péitrus de Virworf gemaach: „Fort mat dir, Satan, hanner mech! Du hues net dat am Sënn, wat den Herrgott wëllt, ma dat, wat d'Mënsche wëllen!"

34 Duerno huet de Jesus déi sëllege Leit bei sech geruff, zesumme mat senge Jünger, an hie sot zu hinnen: „Wann ee mir nokomme wëllt, da soll deen sech selwer verleegnen, hie soll säi Kräiz op sech huelen a mir nokommen! 35 Well deen, deen säi Liewe rette wëllt, dee verléiert et; wien awer wéinst menger a wéinst dem Evangelium säi Liewe verléiert, dee rett et. 36 Wat déngt et e Mënsch, déi ganz Welt ze gewannen, ma säi Liewen ze verléieren? 37 Wat kéint e Mënsch an d'Plaz vun sengem Liewe ginn? 38 Well wien sech wéinst menger a wéinst menge Wierder schummt bei dëser Generatioun, déi friemgeet a sënnegt, deem senger schummt dann och de Mënschejong sech, wann hie mat den hellegen

Engelen an sengem Papp senger Herrlechkeet kënnt."

---

[a] Wuertwiertlech: verstengert.

[b] Jer 5,21; Ez 12,2.

[c] Wuertwiertlech: Hien huet op seng Ae gespaut.

9 [1] Hie sot zu hinnen: „Amen, ech soen iech: Et sinn der vun deenen, déi hei stinn, déi net stierwen[a], bis datt si gesinn, datt dem Herrgott säi Räich an senger Muecht komm ass." [2] Sechs Deeg drop huet de Jesus de Péitrus, de Jakobus an de Johannes matgeholl an si op en héije Bierg gefouert, wou si fir sech eleng waren. Do gouf hie virun hiren Ae verwandelt, [3] an seng Kleeder goufe schnéiwäiss, esou wäiss, wéi kee Bleechert op der Welt se maache kann. [4] An den Elias ass hinnen erschénge mam Moses, an si hu mam Jesus geschwat. [5] Du sot de Péitrus zum Jesus: „Rabbi, et ass gutt, datt mir hei sinn; loosse mer dräi Zelter opriichten, eent fir dech, eent fir de Moses an eent fir den Elias." [6] Hie wousst nämlech net, wat hie soe sollt, esou erféiert waren si. [7] Du koum eng Wollek, déi e Schiet op si gehäit huet, an aus der Wollek koum eng Stëmm: „Dat hei ass mäi Jong, an ech hunn hie gär; lauschtert op hien!" [8] Wéi si op eemol ronderëm sech gekuckt hunn, hunn si soss kee méi bei sech gesi wéi just nach de Jesus.

[9] Iwwerdeems si de Bierg erofgaang sinn, huet de Jesus hinnen Uerder ginn, jo nëmme kengem z'erzielen, wat si gesinn haten, bis de Mënschejong vun den Doudegen operstane wär. [10] Dat hunn si sech verhalen, an dach hunn si ënner sech diskutéiert, wat dat heesche kéint: „vun den Doudegen operstoen".

[11] Si hunn hie gefrot: „Firwat soen d'Schrëftgeléiert dann, den Elias misst fir d'éischt kommen?" [12] Hie sot zu hinnen: „Jo, den Elias kënnt fir d'éischt a mécht, datt nees alles an d'Rei kënnt. Wéi steet nämlech iwwer de Mënschejong geschriwwen? Hie muss vill leiden a gëtt veruecht. [13] Ech awer soen iech: Den Elias ass scho komm, an si hu mat him gemaach, wat si wollten, esou wéi iwwer hie geschriwwe steet."

[14] Wéi si bei déi aner Jünger komm sinn, hunn si vill Leit bei deene gesinn an och Schrëftgeléiert, déi mat hinnen diskutéiert hunn. [15] Soubal all d'Leit hie gesinn hunn, sinn si erféiert, sinn op hien duergelaf an hunn hie begréisst. [16] Hien huet si gefrot: „Wat diskutéiert dir mat hinnen?" [17] Ee vun de Leit huet him geäntwert: „Meeschter, ech hu mäi Jong bei dech bruecht. Hien huet e stomme Geescht. [18] Wou och ëmmer deen iwwer de Jong kënnt, geheit hien hien op de Buedem. Da kritt de Jong Schaum virun de Mond, grätscht mat den Zänn a gëtt ganz steif[b]. Ech sot zu denge Jünger, si sollten de Geescht ausdreiwen, ma si waren net staark genuch derfir." [19] Hie sot zu hinnen: „O du ongleeweg Generatioun!

Wéi laang muss ech nach bei iech sinn? Wéi laang muss ech iech nach erdroen? – Bréngt de Jong bei mech!" [20] Si hunn hie bei de Jesus bruecht. Wéi de Geescht de Jesus gesinn huet, huet hien de Jong direkt hin an hier gerappt, deen ass op de Buedem gefall an huet sech mat Schaum virum Mond um Buedem gewänzelt. [21] De Jesus huet dem Jong säi Papp gefrot: „Wéi laang geschitt dat do him schonn?" De Papp huet geäntwert: „Vu Kandtem un. [22] De Geescht huet hien dacks an d'Feier an an d'Waasser gehäit, fir hien ëmzebréngen. Awer wann s du eppes maache kanns, dann hëllef äis an hief Erbaarme mat äis!" [23] De Jesus sot zu him: „Wann s du eppes maache kanns... Deen, dee gleeft, kann alles maachen!" [24] Dunn huet dem Jong säi Papp haart geruff: „Ech gleewen, hëllef mengem Onglaf!" [25] Wéi de Jesus gesinn huet, datt d'Leit zesummegelaf sinn, huet hien deem onrenge Geescht gedreet a sot zu him: „Du stommen an dafe Geescht, ech gebidden dir: Fuer aus him eraus a komm net méi zréck!ᶜ" [26] Nodeems de Geescht gejaut an de Jong hin an hier gerappt hat, ass hien [aus him] erausgefuer, an de Jong war ewéi dout, esou datt déi vill Leit gesot hunn: „Hien ass gestuerwen." [27] De Jesus awer huet hie mat der Hand gehol an hien opgeriicht. Dunn ass de Jong opgestan.

[28] De Jesus ass an en Haus eragaang, a wéi si fir sech waren, hunn seng Jünger hie gefrot: „Firwat konnte mir dee Geescht net ausdreiwen?" [29] Du sot

de Jesus zu hinnen: „Dës Zort [vu Geescht] kann duerch näischt anescht ausgedriwwe gi wéi duerch Gebiet."

[30] Vun do aus sinn si fortgaang an duerch Galiläa gezunn. De Jesus wollt awer net, datt een et sollt gewuer ginn. [31] Hien huet nämlech seng Jünger geléiert an hinne gesot: „De Mënschejong gëtt un d'Mënschen ausgeliwwert, an si maachen hien dout, an dräi Deeg no sengem Doud steet hien erëm op." [32] Si awer hunn dat net verstan, an dach hunn si gefaart, fir hien derno ze froen.

[33] Du sinn si op Kapharnaum komm. Wéi si doheem waren, huet de Jesus si gefrot: „Wouvun hat dir ënnerwee rieds?" [34] Si awer hu kee Wuert gesot, well ënnerwee haten si rieds dervun, wien dee Gréisste wär. [35] De Jesus huet sech niddergesat an huet déi Zwielef geruff. Hie sot zu hinnen: „Wann een deen Éischte si wëllt, da soll hien deen Allerleschte sinn an den Dénger vun en all!" [36] Dunn huet hien e Kand geholl an et an hir Mëtt gestallt. Hien huet et ëmäerbelt a sot zu hinnen: [37] „Wien eent vun dëse Kanner a mengem Numm ophëlt, deen hëlt mech op, a wie mech ophëlt, deen hëlt net mech op, ma deen, dee mech geschéckt huet."

[38] De Johannes sot zu him: „Meeschter, mir hunn ee gesinn, deen amgaang war, Dämonen an dengem Numm auszedreiwen, a mir wollten hien dorun hënneren, well hien sech äis net ugeschloss huet." [39] De Jesus awer sot: „Hënnert hien net drun! Et gëtt

nämlech keen, deen e Wonner a mengem Numm wierkt a mech gläich drop erofmaache kéint. [40] Wien nämlech net géint äis ass, deen ass fir äis.

[41] Wien iech e Becher Waasser ze drénke gëtt, well dir zu Christus gehéiert, amen, ech soen iech, dee kënnt net ëm säi Loun.

[42] Wien awer ee vun deene Klengen, déi u mech gleewen, zum Béise verféiert, fir dee wär et besser, wann hien e Muelsteen ëm den Hals gehaang krit an dann an d'Mier gehäit géif. [43] Wann deng Hand dech zum Béise verféiert, dann ha se erof! Et ass besser fir dech, krëppleg eranzegoen an d'Liewen, wéi mat zwou Hänn fortzegoen an d'Häll, an d'Feier, dat ni ausgeet. [(44)] [45] A wann däi Fouss dech zum Béise verféiert, dann ha en erof! Et ass besser fir dech, schlamm eranzegoen an d'Liewen, wéi mat zwéi Féiss an d'Häll gehäit ze ginn. [(46)] [47] A wann däin A dech zum Béise verféiert, da rapp et eraus! Et ass besser fir dech, schiel eranzegoen an dem Herrgott säi Räich, wéi mat zwee Aen an d'Häll gehäit ze ginn, [48] wou *hire Wuerm net stierft an d'Feier net ausgeet* [d].

[49] Jidderee gëtt nämlech mat Feier gesalzt. [50] D'Salz ass eppes Guddes; wann d'Salz awer net méi salzeg ass, woumat wëllt dir em dann säi Goût nees zréckginn? Maacht, datt Salz an iech ass, an haalt Fridden ënnereneen!"

---

[a] Wuertwiertlech: déi der Doud net schmaachen.
[b] Aner Iwwersetzung: a gëtt wéi ouni Liewen.

---

^c Wuertwiertlech: a fuer net méi an hien eran!
^d Is 66,24.

10 ¹ Dunn ass de Jesus opgestan, a vun do aus goung hien an d'Gebitt vu Judäa, op déi aner Säit vum Jordan. Nees eng Kéier koume vill Leit bei him zesummen, a wéi et seng Gewunnecht war, huet hien ugefaang, si ze léieren.

² Et koumen och Pharisäer bei hien an hunn hie gefrot, ob et engem Mann erlaabt wär, seng Fra fortzeschécken – op dës Manéier wollten si hien op d'Prouf stellen. ³ Hien awer huet hinne geäntwert: „Wat huet de Moses iech virgeschriwwen?" ⁴ Si soten: „De Moses huet et zougelooss, datt een e Scheedungsbréif schreift an d'Fra fortschéckt." ⁵ De Jesus awer sot zu hinnen: „Et ass wéinst ärer Haarthäerzegkeet, wou hien dëst Gebot fir iech geschriwwen huet. ⁶ Ma vum Ufank vun der Schëpfung un *huet hien* [den Herrgott] *si als Mann an als Fra geschafen*^a; ⁷ *dowéinst verléisst e Mann Papp a Mamm a verbënnt sech mat senger Fra,* ⁸ *an déi zwee ginn eent*^b; duerfir sinn si net méi zwee, ma eent. ⁹ Wat den Herrgott also matenee verbonnen huet, dat soll de Mënsch net trennen."

¹⁰ Doheem hunn seng Jünger hie weider heiriwwer gefrot. ¹¹ Hie sot zu hinnen: „Wien seng Fra fortschéckt an eng aner bestit, dee brécht domat säi

Bestietnes mat där éischter Fra, [12] a wann si hire Mann fortgeschéckt huet an en anere bestit, da brécht och si d'Bestietnes."

[13] Dunn hunn d'Leit Kanner bei hie bruecht, fir datt hien si beréiere sollt, ma si krute vun de Jünger Virwërf gemaach. [14] Wéi de Jesus dat gesinn huet, ass hien hafteg ginn a sot zu dësen: „Loosst d'Kanner bei mech kommen, hënnert si net drun, well fir hiresgläichen ass dem Herrgott säi Räich! [15] Amen, ech soen iech: Wien dem Herrgott säi Räich net unhëlt wéi e Kand, dee kënnt ni an dat Räich eran." [16] An hien huet d'Kanner ëmäerbelt, huet hinnen d'Hänn opgeluecht an huet si geseent.

[17] Wéi hien sech nees op de Wee gemaach huet, koum een op hien duergelaf, ass virun him op d'Knéie gefall an huet hie gefrot: „Gudde Meeschter, wat muss ech maachen, fir dat éiwegt Liewen ze kréien?" [18] De Jesus sot zu him: „Firwat nenns du mech gutt? Gutt ass nëmme just den Herrgott, a soss keen! [19] Du kenns jo d'Geboter: *Du solls keen doutmaachen, du solls d'Bestietnes net briechen, du solls net stielen, du solls keng falsch Zeienausso maachen, du solls kengem eppes ewechhuelen, du solls däi Papp an deng Mamm an Éieren halen!*'" [20] De Mann huet him geäntwert: „Meeschter, un all dat hunn ech mech vu Jonktem u gehal." [21] De Jesus huet hie gekuckt an hien dunn an d'Häerz geschloss, an hie sot zu him: „Eppes feelt dir nach: Géi, verkaf alles, wat s du hues, a gëff deenen Aarmen, an du kriss e Schaz am Himmel. Da

komm erëm a komm mir no!" [22] De Mann awer ass traureg ginn iwwer dës Wierder a goung verdrësserlech fort, well hien hat e grousst Verméigen.

[23] De Jesus huet ronderëm sech gekuckt a sot zu senge Jünger: „Wéi schwéier ass et fir déi, déi e grousst Verméigen hunn, an dem Herrgott säi Räich eranzekommen!" [24] D'Jünger sinn iwwer seng Wierder erféiert. De Jesus awer sot nach eng Kéier zu hinnen: „Kanner, wéi schwéier ass et, an dem Herrgott säi Räich eranzekommen! [25] Et ass méi liicht fir e Kaméil, duerch d'Lach vun enger Nol ze kommen, wéi fir e Räichen, an dem Herrgott säi Räich eranzekommen!" [26] Du waren si nach méi ausser sech an hunn een deen anere gefrot: „A wie kann dann iwwerhaapt nach gerett ginn?" [27] De Jesus huet si gekuckt a sot: „Fir d'Mënschen ass dat onméiglech, ma net fir den Herrgott, well fir den Herrgott ass alles méiglech."

[28] Dunn huet de Péitrus d'Wuert ergraff a sot zu him: „Kuck, mir hunn alles stoen a leie gelooss a sinn dir nokomm!" [29] De Jesus sot: „Amen, ech soen iech: Et gëtt keen, deen säin Haus, seng Bridder oder Schwësteren, Mamm, Papp oder Kanner, oder seng Stécker wéinst menger a wéinst dem Evangelium zréckgelooss hätt, [30] an deen net elo, nach an dëser Zäit, matzen a Verfolgungen honnertfach Haiser, Bridder a Schwësteren, Mammen a Kanner a Stécker krit, an an där Welt, déi kënnt, dat éiwegt Liewen.

³¹ Well da ginn der vill vun deenen Éischten déi Lescht a vill vun deene Leschten déi Éischt."

³² Wéi si ënnerwee waren erop op Jerusalem, ass de Jesus virun hinne gaang. Si ware beonrouegt, an déi, déi him nokomm sinn, hu gefaart. De Jesus huet déi Zwielef nees op d'Säit geholl an huet ugefaang, hinnen ze soen, wat mat him geschéie géif: ³³ „Kuckt, mir ginn elo op Jerusalem erop, an do gëtt de Mënschejong un d'Hohepriister an d'Schrëftgeléiert ausgeliwwert, an si veruerteelen hien zum Doud. Da liwweren si hien un d'Heeden aus. ³⁴ Déi verspotten hien, späizen op hien, gäisselen hien a maachen hien dout. An no dräi Deeg steet hien nees op."

³⁵ Du koumen de Jakobus an de Johannes, dem Zebedäus seng Jongen, bei de Jesus an hunn zu him gesot: „Meeschter, mir hätte gär, datt s du äis dat an d'Rei méchs, wat mir dech elo froen." ³⁶ Hie sot zu hinnen: „Wat soll ech da fir iech an d'Rei maachen?" ³⁷ Si soten zu him: „Looss äis an denger Herrlechkeet deen een op denger rietser Säit an deen aneren op denger lénkser Säit sëtzen!" ³⁸ De Jesus awer huet hinne geäntwert: „Dir wësst net, wat dir do frot! Kënnt dir dann dee Kielech drénken, deen ech drénken, oder mat där Daf gedeeft ginn, mat där ech gedeeft ginn?" ³⁹ Dueropshin hunn si zu him gesot: „Dat kënne mir!" Du sot de Jesus zu hinnen: „Dee Kielech, deen ech drénken, kritt dir ze drénken, a mat där Daf, mat där ech gedeeft ginn, gitt dir gedeeft. ⁴⁰ Et ass awer net u mir, fir d'Plaz op menger

rietser oder menger lénkser Säit ze verginn; duer kommen déi sëtzen, fir déi dës Plaze virbereet gi sinn."

[41] Wéi déi zéng aner Jünger dat héieren hunn, hunn si ugefaang, sech iwwer de Jakobus an de Johannes ze iergeren. [42] Dunn huet de Jesus si bei sech geruff a sot zu hinnen: „Dir wësst, datt déijéineg, déi als déi Iewescht gëllen, iwwer hir Vëlleker herrschen, an datt déi Grouss hir Muecht iwwer d'Leit mëssbrauchen. [43] Bei iech awer soll et net esou sinn! Wien ënner iech dee Gréisste gi wëllt, dee soll ären Dénger ginn, [44] a wien ënner iech deen Éischte si wëllt, dee soll de Kniecht vun en alleguer sinn. [45] De Mënschejong ass nämlech net komm, fir bedéngt ze ginn, ma fir ze déngen an säi Liewen hierzeginn als Léisegeld fir der vill."

[46] Du sinn si op Jericho komm. Wéi de Jesus mat senge Jünger a villen anere Leit nees aus der Stad erausgoung, souz dem Timäus säi Jong, de Bartimäus, e blannen Heeschemann, um Wee. [47] Wéi hien héieren huet, datt et de Jesus vun Nazareth war, huet hien ugefaang ze jäizen: „Jesus, Jong vum David, erbaarm dech menger!" [48] Vill hunn der him Virwërf gemaach an him gesot, hie sollt de Mond halen; hien awer huet nach méi haart gejaut: „Jong vum David, erbaarm dech menger!" [49] Dunn ass de Jesus stoe bliwwen a sot: „Rufft hien!" Si hunn dee Blanne geruff a soten zu him: „Hief Kuraasch a stéi op, hie rifft dech!" [50] Dunn huet dee Blannen säi Mantel op

d'Säit gehäit, ass opgesprong an ass bei de Jesus komm. [51] De Jesus huet hie gefrot: „Wat soll ech fir dech maachen?" Dee Blanne sot zu him: „Rabbuni, maach, datt ech nees gesinn!" [52] Du sot de Jesus zu him: „Géi, däi Glaf huet dech gerett!" An am selwechten Ament huet hien nees gesinn, an hien ass dem Jesus op sengem Wee nogaang.

---

[a] Gen 1,27.
[b] Gen 2,24 LXX.
[c] Ex 20,12-16; Dtn 5,16-20; Sir 4,1 LXX.

11

[1] Wéi si an d'Géigend vu Jerusalem koumen, op Bethphagee an op Bethanien zou, bei den Olivebierg, huet de Jesus der zwéi vun senge Jünger virgeschéckt [2] a sot zu hinnen: „Gitt an d'Duerf, dat vis-à-vis vun iech läit! Esoubal dir an d'Duerf erakommt, fannt dir en Ieselsfillen, dat ugestréckt ass an op deem nach ni e Mënsch souz. Maacht et lass a bréngt et heihin! [3] A wann een zu iech seet: ‚Wat maacht dir do?', dann äntwert: ‚Den Här brauch et, an hie schéckt et gläich nees heihin zréck.'" [4] Si hunn sech op de Wee gemaach an si hunn d'Fille fonnt, dat bei enger Dier baussen op der Strooss ugestréckt war, an si hunn et lassgemaach. [5] E puer vun deenen, déi do stoungen, soten zu hinnen: „Wat maacht dir do? Firwat maacht dir dat Fille lass?" [6] Si hunn hinnen esou geäntwert, wéi de Jesus hinne gesot hat,

an dunn hunn déi aner si gewäerde gelooss. [7] Si hunn d'Fille bei de Jesus bruecht. Nodeems si dem Fillen hir Kleeder op de Réck gehäit haten, huet de Jesus sech op et gesat. [8] Vill hunn der hir Kleeder op dem Wee ausgebreet, anerer och Traisch, déi si op de Felder ofgeschnidden haten. [9] Déi, déi virgaang sinn, an déi, déi nokomm sinn, hu geruff:

„*Hosanna!*
Geseent sief deen, deen am Här sengem Numm kënnt![a]
[10] Geseent sief eisem Papp David säi Räich, dat kënnt!
Hosanna héich do uewen![b] "

[11] De Jesus ass a Jerusalem eragaang a goung an den Tempel. Hien huet sech alles ronderëm ugekuckt an ass dunn, wéi et schonn Owend gi war, mat deenen Zwielef eraus op Bethanien gaang.

[12] Wéi si deen aneren Dag vu Bethanien fortgaang sinn, war hien hongreg. [13] Vu wäitem huet hien e Figebam gesinn, dee Blieder hat. Dofir ass hien dohigaang, [fir ze kucken,] ob hie keng Friichten[c] un em fanne géif. Wéi hien dohikomm ass, huet hie weider näischt un em fonnt wéi Blieder. Et war nämlech net d'Zäit vun de Figen. [14] Du sot de Jesus zum Bam: „An all Éiwegkeet soll ni méi een eng Fruucht vun dir iessen!" Seng Jünger hunn dat héieren.

[15] Si sinn op Jerusalem komm. Wéi hien an den Tempel eragaang ass, huet hien ugefaang, déi, déi am Virhaff kaaft a verkaaft hunn, erauszegeheien an

d'Dëscher vun deenen, déi d'Geld gewiesselt hunn, an d'Still vun deenen, déi d'Dauwe verkaaft hunn, ëmzestoussen. [16] Hien huet et net zougelooss, datt iergendeen iergendeppes duerch den Tempel gedroen huet. [17] Hien huet si geléiert a sot: „Steet net geschriwwen: *Mäin Haus soll en Haus vum Gebiet fir all Vëlleker genannt ginn*[d]? Dir awer hutt eng *Raiberhiel*[e] draus gemaach."

[18] Wéi d'Hohepriister an d'Schrëftgeléiert dat héieren hunn, hunn si gesicht, wéi si de Jesus ëmbrénge kéinten. Si hunn hien nämlech gefaart, well dat ganzt Vollek vun senger Léier iwwerwältegt war.

[19] Wéi et Owend gi war, ass de Jesus mat deenen Zwielef aus der Stad erausgaang.

[20] Wéi si [deen anere] Muerge fréi beim Figebam laanschtgaang sinn, hunn si gesinn, datt e vun de Wuerzelen hier verdiert war. [21] Dunn huet de Péitrus sech erënnert a sot zu him: „Rabbi, kuck: De Figebam, deen s du verflucht hues, ass verdiert." [22] De Jesus huet hinne geäntwert: „Hutt Glawen a Gott! [23] Amen, ech soen iech: Wann een zu dësem Bierg seet: ‚Hief dech a gehei dech an d'Mier', a wann hien an sengem Häerz net zweiwelt, ma gleeft, datt dat geschitt, wat hie seet, da geschitt et. [24] Dofir soen ech iech: Wourëms dir och biet a frot, gleeft, datt dir et scho kritt hutt, an et geschitt fir iech. [25] A wann dir do stitt ze bieden, da verzeit, wann dir eppes géint een hutt, fir datt äre Papp am Himmel och iech dat verzeit, wat dir falsch gemaach hutt." [(26)]

[27] Si sinn nees op Jerusalem gaang. Iwwerdeems si am Tempel ronderëm gaang sinn, sinn d'Hohepriister, d'Schrëftgeléiert an déi Eelst bei de Jesus komm [28] a soten zu him: „Mat wat fir enger Autoritéit méchs du dat? Oder wien huet dir dës Autoritéit ginn, datt s du dat méchs?" [29] De Jesus sot zu hinnen: „Ech stellen iech eng eenzeg Fro. Äntwert mir dorop, da soen ech iech och, mat wéi enger Autoritéit ech dat maachen! [30] Dem Johannes seng Daf, war se vum Himmel oder vun de Mënschen? Äntwert mir!" [31] Si hunn iwwerluecht a soten een zum aneren: „Wa mir äntweren: ‚Vum Himmel', da seet hien: ‚Firwat hutt dir him [dann] net gegleeft?'. [32] Solle mir dann éieren äntweren: ‚Vun de Mënschen'?" – Si hunn [nämlech] d'Vollek gefaart, well all hunn se geduecht, de Johannes wär wierklech e Prophéit gewiescht. [33] Dofir hunn si dem Jesus geäntwert: „Mir wëssen et net." Dunn huet de Jesus zu hinne gesot: „Da soen ech iech och net, mat wéi enger Autoritéit ech dat maachen."

---

[a] Ps 118,25f.
[b] Ps 148,1; Job 16,19.
[c] Wuertwiertlech: eppes.
[d] Is 56,7.
[e] Jer 7,11.

12

¹ De Jesus huet ugefaang, hinne Gläichnesser z'erzielen: „E Mann huet e Wéngert ugeplanzt, en Zonk ronderëm gezunn, eng Kelter dra gegruewen an en Tuerm gebaut. Dunn huet hien de Wéngert u Wënzer verpacht an ass an d'Friemd gaang. ² Wéi et un der Zäit war, huet hien e Kniecht bei d'Wënzer geschéckt, fir datt hien seng Deel vum Erdrag vum Wéngert kréich. ³ Si awer hunn de Kniecht geholl, zerschloen a mat eidelen Hänn fortgeschéckt. ⁴ Dunn huet hien nach eng Kéier en anere Kniecht bei si geschéckt. Och deen hunn si op de Kapp geschloen an erofgemaach. ⁵ An nach een huet hien dohi geschéckt, deen si doutgemaach hunn, an duerno nach vill anerer: Déi eng hunn si zerschloen, déi aner doutgemaach. ⁶ Dunn ass him nëmmen nach ee bliwwen: säi Jong, mat deem hie frou war. Deen huet hien als leschte bei si geschéckt, an hien huet sech gesot: ‚Mäi Jong uechten si bestëmmt.' ⁷ D'Wënzer awer soten een zum aneren: ‚Dat do ass den Ierwen! Kommt, mir maachen hien dout, dann ass seng Ierfschaft fir äis!' ⁸ An si hunn hie geholl, doutgemaach an aus dem Wéngert erausgehäit. ⁹ Wat mécht [elo] den Här vum Wéngert? Hie geet dohin, bréngt d'Wënzer ëm a gëtt aneren de Wéngert. ¹⁰ Hutt dir nach net dësen Text aus der Schrëft gelies:

> *De Steen, deen d'Steemetzer verworf hunn,*
> *ass den Eckstee ginn.*
> ¹¹ *Duerch den Här ass et geschitt,*
> *an et ass wonnerbar an eisen Aen!* ᵃ"

¹² Si hätten hie gär festgeholl, ma si hunn d'Vollek gefaart. Si haten nämlech erkannt, datt dëst Gläichnes sech géint si geriicht huet[b]. Si hunn hie stoegelooss a sinn hirer Wee gaang.

¹³ Si hunn der en etlech vun de Pharisäer a vum Herodes senge Leit bei hie geschéckt, fir him am Gespréich eng Fal ze stellen. ¹⁴ Wéi si bei hie komm sinn, soten si: „Meeschter, mir wëssen, datt s du e Mënsch vun der Wourecht bass an datt s du dech vu kengem beaflosse léiss, well s du net op d'Persoun kucks, ma du léiers d'Leit dem Herrgott säi Wee esou, wéi e wierklech ass. Ass et erlaabt, dem Keeser Steieren ze bezuelen, oder net? Solle mir se bezuelen, oder net?" ¹⁵ Ma de Jesus huet hir Schäinhellegkeet erkannt a sot zu hinnen: „Wat stellt dir mech op d'Prouf? Bréngt mir eng Sëlwermënz, ech wëll se gesinn!" ¹⁶ Dunn hunn si eng bruecht. Hie sot zu hinnen: „Wiem säi Bild a wiem seng Opschréft ass dat hei?" Si hunn him geäntwert: „Dem Keeser seng." ¹⁷ Du sot de Jesus zu hinnen: „Da gitt dem Keeser dat, wat dem Keeser zousteet, a gitt dem Herrgott dat, wat dem Herrgott zousteet!" An si waren al verwonnert iwwer hien.

¹⁸ Et si Sadduzäer bei hie komm, déi behaapten, et géif keng Operstéiung ginn, an hunn hie gefrot: ¹⁹ „Meeschter, de Moses huet äis virgeschriwwen: *Wann engem säi Brudder stierft* an eng Fra hannerléisst *ouni Kand*[c], *da soll säi Brudder si fir Fra huelen an sengem Brudder Nokomme verschafen*[d]. ²⁰ Do ware mol siwe

Bridder. Deen éischten huet sech eng Fra geholl an ass gestuerwen, ouni Nokommen ze hannerloossen. ²¹ Dunn huet deen zweeten si geholl an ass gestuerwen, ouni Nokommen ze hannerloossen, a gradesou deen drëtten. ²² Alle siwen hunn si keng Nokommen hannerlooss. Als lescht vun hinnen all ass och d'Fra gestuerwen. ²³ Bei der Operstéiung – wann si operstoe sollten –, wiem vun hinnen seng Fra ass si dann? Si haten si jo alle siwe fir Fra!" ²⁴ De Jesus sot zu hinnen: „Iert dir iech net hei, well dir weder d'Schrëften, nach dem Herrgott seng Kraaft kennt? ²⁵ Wann si nämlech vun den Doudegen operstinn, bestueden si sech net méi a ginn och net méi bestuet, ma si sinn ewéi Engelen am Himmel. ²⁶ Wat awer déi Doudeg ugeet an datt si aus dem Doud erwächt ginn: Hutt dir net am Buch vum Moses gelies, [an der Erzielung] vum Därestack, wéi den Herrgott zum Moses seet: *‚Ech sinn de Gott vum Abraham, de Gott vum Isaak an de Gott vum Jakob'*ᵉ? ²⁷ Hien ass net e Gott vun den Doudegen, ma vun de Liewegen! Dir iert iech zerguttstert!"

²⁸ Ee vun de Schrëftgeléierten hat hir Diskussioun héieren an an Uecht geholl, datt de Jesus hinne gutt geäntwert hat. Hien ass elo dohinner komm an huet de Jesus gefrot: „Wat fir e Gebot ass dat éischt vun en all?" ²⁹ De Jesus huet geäntwert: „Dat éischt ass dat hei: *Lauschter, Israel, den Här eise Gott ass Här, hien eenzeg an eleng*ᶠ, ³⁰ *an du solls den Här däi Gott gär hu mat dengem ganzen Häerz a mat denger ganzer Séil, mat*

dengem ganzen Denken a mat denger ganzer Kraaft[g]. [31] Dat zweet ass dat hei: *Du solls däin Nächste gär hu wéi dech selwer*[h]. Méi grouss wéi déi zwee ass keen anert Gebot." [32] Du sot de Schrëftgeléierten zu him: „Gutt, Meeschter. Et ass wouer, wat s du gesot hues: *Hien ass et eenzeg an eleng, an et gëtt keen aneren ausser him*[i], [33] an *hie gär hu mat ganzem Häerz a mat ganzem Verstand a mat ganzer Kraaft*[j], an *deen Nächste gär hu wéi sech selwer*[k], dat ass vill méi wéi all Brandaffer an all aner Affer." [34] De Jesus huet an Uecht geholl, datt hie verstänneg geäntwert hat, a sot zu him: „Du bass net wäit ewech vum Herrgott sengem Räich." Dunn huet keen sech méi getraut, him no iergendeng Fro ze stellen.

[35] Wéi de Jesus am Tempel geléiert huet, huet hien d'Wuert ergraff a sot: „Wéi kënnen d'Schrëftgeléiert behaapten, de Messias wär dem David säi Jong? [36] Den David selwer, erfëllt vum Hellege Geescht, seet:

Den Här seet zu mengem Här:
Sëtz dech rietserhand vu mir,
bis datt ech dir deng Feinden
ënner deng Féiss geluecht hunn[l].

[37] Den David selwer nennt hie jo ‚Här', wéi kann hien dann säi Jong sinn?" Déi vill Leit hunn him mat Freed nogelauschert.

[38] Hien huet si geléiert a sot: „Huelt iech an Uecht virun de Schrëftgeléierten! Si weisen sech gär a prächtege Gewänner a gi gär op de Maartplaze gegréisst, [39] si sëtzen sech gär op déi éischt Plazen an de Synagogen an hätte gär d'Éiereplaze bei Dësch. [40] Si friessen de Witfraen hir Haiser op, an si ginn sech no baussen, wéi wann si laang biede géifen. Ëmsou méi en haart Uerteel gëtt eng Kéier iwwer si gesprach."

[41] Wéi de Jesus sech vis-à-vis vum Afferstack gesat huet, huet hien de Leit nogekuckt, déi Suen dragehäit hunn. Vill Räicher hunn déck Zomme ginn. [42] Dunn ass eng aarm Witfra komm, déi just zwéin Zantimm[m] ginn huet. [43] De Jesus huet seng Jünger bei sech geruff a sot zu hinnen: „Amen, ech soen iech: Dës aarm Witfra huet méi an den Afferstack gehäit wéi all déi aner, [44] well si all hunn nëmmen eppes vun deem ginn, wat si am Iwwerfloss hunn, d'Fra awer huet vun deem Wéinegen, wat si hat, alles ginn – hire ganze Liewesënnerhalt."

---

[a] Ps 118,22-23.

[b] Wuertwiertlech: datt hien dëst Gläichnes géint si erzielt hat.

[c] Wuertwiertlech: eng Fra zréckléisst, ouni e Kand ze hannerloossen.

[d] Dtn 25,5a.

[e] Ex 3,6.15a.

[f] Dtn 6,4.

[g] Dtn 6,5; Jos 22,5 LXX.

[h] Lev 19,18.

i Dtn 6,4; Dtn 4,35; Is 45,21.
j Dtn 6,5; Jos 22,5 LXX.
k Lev 19,18.
l Ps 110,1.
m Wuertwiertlech: zwéi Lepta, dat ass ee Quadrans. Ee Lepton war déi klengst jüddesch Mënz.

13

¹ Wéi de Jesus aus dem Tempel erauskomm ass, sot ee vun senge Jünger zu him: „Meeschter, kuck, wat fir Steng a wat fir Gebaier!" ² De Jesus sot zu him: „Du kucks dës grouss Gebaier? Et gëtt kee Steen op deem anere gelooss, deen net och nach a Stécker geha géif."

³ Wéi hien sech um Olivebierg gesat hat, vis-à-vis vum Tempel, a wéi si du fir sech waren, hunn de Péitrus an de Jakobus, de Johannes an den Andreas hie gefrot: ⁴ „So äis, wéini soll dat geschéien, a wat ass d'Zeechen, datt alles geschwënn op en Enn kënnt?" ⁵ Dunn huet de Jesus ugefaang, hinnen ze soen: „Dot uecht, datt keen iech ierféiert! ⁶ Et kommen der vill a mengem Numm, déi soen: ‚Ech sinn et', an si féieren der vill ier. ⁷ Wann dir vu Kricher a vun Noriichten iwwer Kricher héiert, dann erféiert net. Dat muss geschéien, ma dat ass [nach] net d'Enn. ⁸ Si ginn nämlech all géinteneen: Vollek géint Vollek a Kinnekräich géint Kinnekräich. Et kommen Äerdbiewen op ville Plazen an Hongersnéit. Dat ass eréischt den Ufank vun de Wéien. –

⁹ Haalt en A op si: Si liwweren iech un d'Geriichter an un d'Synagogen aus, dir gitt zerschloen a viru Gouverneuren a Kinneke gestallt wéinst menger, fir esou bei hinnen Zeegnes ze ginn. ¹⁰ Virdrun awer muss alle Vëlleker d'Evangelium verkënnegt ginn. ¹¹ Wann si iech siche kommen, fir iech auszeliwweren, da maacht iech am Viraus keng Suergen driwwer, wat dir soe sollt, well dat, wat dir soe sollt, gëtt iech an där Stonn an de Mond geluecht. Dir sidd et dann net, déi schwätzen, ma den Hellege Geescht. ¹² Ee Brudder liwwert deen aneren aus, fir hien doutmaachen ze loossen, an d'nämmlecht liwwert e Papp säi Kand aus, a Kanner erhiewen sech géint hir Elteren a maachen si dout. ¹³ Wéinst mengem Numm gitt dir vun en all gehaasst. Wien awer bis un d'Enn duerhält, dee gëtt gerett.

¹⁴ Wann dir awer *déi freeschlech Grujel, déi alles dem Äerdbuedem gläichmécht* ᵃ, do stoe gesitt, wou se net soll – wien dat liest, dee soll et begräifen –, da sollen déi, déi a Judäa sinn, an d'Bierger fortlafen. ¹⁵ Wien da grad um Daach ass, soll net erofklammen an eragoen, fir eppes aus sengem Haus erauszehuelen, ¹⁶ a wien um Feld ass, soll net bei seng Saachen hannescht goen, fir säi Mantel ze huelen. ¹⁷ Gare deene [Fraen] hirer, déi dann an aneren Ëmstänn sinn oder déi an deenen Deeg nieren!

¹⁸ Biet, datt dat net am Wanter geschitt! ¹⁹ Déi Deeg bréngen eng grouss Nout mat sech, wéi et zënter dem Ufank vum Herrgott senger Schëpfung

nach keng ginn huet a wéi et och sécher keng méi gëtt. [20] Wann den Här déi Deeg net verkierze géif, da kéint kee gerett ginn; ma wéinst den Auserwielten, déi hien sech auserwielt huet, ginn déi Deeg verkierzt.

[21] A wann een zu iech seet: ,Kuck, hei ass de Messias!', ,Kuck, do ass hien!', da gleeft et net! [22] Et trieden nämlech falsch Messiasen a falsch Prophéiten op, déi Zeechen a Wonner wierken, fir déi Erwielten ze verféieren – wann dat iwwerhaapt méiglech wär. [23] Dir awer, huelt iech an Uecht: Ech hunn iech dat alles virausgesot!

[24] An deenen Deeg awer, no all deem Misär, *verdäischtert d'Sonn sech, an de Mound gëtt kee Schäi méi* [b], [25] *an d'Stäre fale* vum Himmel *erof, an d'Himmelskräfte* [c] ginn ziddere gedoen. [26] An da gesäit een *de Mënschejong, dee* mat grousser Kraaft an Herrlechkeet *op de Wolleke kënnt* [d]. [27] Da schéckt hien d'Engelen eraus, an hie féiert seng Auserwielt aus deene véier Himmelsrichtungen zesummen, vum Enn vun der Äerd bis un d'Enn vum Himmel.

[28] Aus dem Gläichnes vum Figebam awer léiert dat hei: Wann seng Äscht Saaft zillen an d'Blieder ufänken auszeschéissen, gesitt dir, datt et gläich Summer gëtt. [29] Esou och fir iech: Wann dir gesitt, datt dat do geschitt, dann erkennt, datt de Mënschejong gläich virun der Dier steet.

[30] Amen, ech soen iech: Dës Generatioun vergeet net, éier dat do alles geschitt ass. [31] Himmel an Äerd

verginn, meng Wierder awer verginn net. [32] Ma iwwer deen Dag oder déi Stonn weess keen eppes, weder d'Engelen am Himmel, nach de Jong — nëmme just de Papp.

[33] Haalt d'Aen op, bleift waakreg! Dir wësst nämlech net, wéini déi Zäit do ass. [34] Et ass wéi mat engem Mënsch, deen op d'Rees geet, deen säin Haus zréckléisst an sengen Dénger Verantwortung iwwerdréit, jidderengem fir seng Aarbecht; an dem Portier gëtt hien den Uerder ze waachen. [35] Duerfir waacht! Dir wësst jo net, wéini den Haushär kënnt, ob hie spéit kënnt oder ëm Hallefnuecht oder wann den Hunn kréit oder muerges fréi. [36] Waacht also, fir datt dir net amgaang sidd ze schlofen, wann hie stënterlech kënnt! [37] Wat ech iech awer soen, dat soen ech fir s'alleguer: Waacht!"

---

[a] Dan 9,27; 11,31; 12,11.
[b] Is 13,10.
[c] Is 34,4.
[d] Dan 7,13.

14

[1] Et war zwéin Deeg virum Pessach-Fest [a] virun der Woch vum Matesbrout. D'Hohepriister an d'Schrëftgeléiert hu gesicht, wéi si de Jesus mat Hannerlëscht an hir Gewalt kréien an doutmaache kéinten. [2] Si hunn sech nämlech gesot: „Nëmmen net um Fest, fir datt et keng Oprou am Vollek gëtt."

³ Wéi de Jesus zu Bethanien am Haus vum Simon dem Aussätzege bei Dësch war, koum eng Fra, déi eng Alabasterfläsch mat echtem, deierem Narden-ueleg bei sech hat. Si huet d'Fläsch opgebrach an dem Jesus den Ueleg iwwer de Kapp geschott. ⁴ Du goufen der en etlech ongehalen an hunn zuenee gesot: „Firwat deen Ueleg esou verbëtzen? ⁵ Et hätt een e kënne fir méi ewéi 300 Sëlwermënze verkafen an d'Suen deenen Aarme ginn!" An si hunn hir do-wéinst Virwërf gemaach. ⁶ De Jesus awer sot: „Loosst si! Firwat bréngt dir si a Verleeënheet? Si huet e gutt Wierk fir mech gemaach. ⁷ Déi Aarm hutt dir jo ëmmer bei iech, a wann dir wëllt, kënnt dir hinne Gutts doen; mech awer hutt dir net ëmmer bei iech. ⁸ Dat, wat si maache konnt, huet si gemaach: Si huet am Viraus mäi Läif fir d'Begriefnes gesaleft. ⁹ Amen, ech soen iech: Wou och ëmmer op der ganzer Welt d'Evangelium verkënnegt gëtt, do gëtt erzielt, wat si gemaach huet, an et gëtt un si geduecht."

¹⁰ De Judas Iskarioth, ee vun den Zwielef, ass fortgaang bei d'Hohepriister, fir hinnen de Jesus aus-zeliwweren. ¹¹ Wéi d'Hohepriister dat héieren hunn, hunn si sech gefreet a versprach, him Suen derfir ze ginn. Dunn huet hien no engem gënschtegen Ament gesicht, wou hien de Jesus ausliwwere kéint.

¹² Deen éischten Dag an der Woch vum Mates-brout, wou d'Pessach-Lamm geschluecht gouf, soten dem Jesus seng Jünger zu him: „Wuer solle mir hi-goen, fir d'Pessach-Iesse fir dech virzebereeden?"

¹³ Dunn huet hien der zwéi vun hinne virgeschéckt a gesot: „Gitt an d'Stad. Do kënnt een iech entgéint, deen en äerde Krou mat Waasser dréit. Gitt him no, ¹⁴ an do, wou hien erageet, sot zum Haushär: ‚De Meeschter léisst dir soen: Wou ass mäi Sall, an deem ech d'Pessach mat menge Jünger iesse soll?' ¹⁵ Hie weist iech dann e grousst Zëmmer uewenop, dat prett ass, mat Këssen ausgeluecht. Bereet äis et do vir!" ¹⁶ D'Jünger si fortgaang a koumen an d'Stad. Si hunn alles esou fonnt, wéi hien hinnen et gesot hat, an si hunn d'Pessach-Iesse virbereet.

¹⁷ Owes ass de Jesus mat deenen Zwielef komm. ¹⁸ Wéi si um Dësch waren a giess hunn, sot hien: „Amen, ech soen iech: Ee vun iech, deen elo am-gaang ass, mat mir z'iessen, liwwert mech herno aus." ¹⁹ Si hunn ugefaang, verdrësserlech ze ginn, an hunn hien een nom anere gefrot: „Ech dach net?" ²⁰ Hien awer huet hinne geäntwert: „Et ass ee vun iech Zwielef, een, dee mat mir an déiselwecht Schossel zappt. ²¹ De Mënschejong muss wuel säi Wee goen, esou wéi et iwwer hie geschriwwe steet. Gare awer deemjéinege senger, duerch deen de Mënschejong ausgeliwwert gëtt! Et wär besser fir dee Mënsch, wann hien ni op d'Welt komm wär."

²² Iwwerdeems si giess hunn, huet de Jesus Brout geholl an den Herrgott gelueft; hien huet et gebrach, hinnen et ginn a gesot: „Huelt! Dat hei ass mäi Läif." ²³ Dunn huet hien e Kielech geholl an dem Herrgott merci gesot; hien huet hinnen e ginn, an si hunn

alleguer draus gedronk. ²⁴ An hie sot zu hinnen: „Dat hei ass mäi Blutt, d'Blutt vum Bond, dat fir der vill vergoss gëtt. ²⁵ Amen, ech soen iech: Ech drénke ganz sécher net méi vum Drauwestack senger Fruucht bis deen Dag, wou ech am Herrgott sengem Räich op en Neis dervun drénken."

²⁶ Nodeems si d'Luefpsalme gesong haten, sinn si erausgaang, op den Olivebierg. ²⁷ De Jesus sot zu hinnen: „Dir huelt alleguer Ustouss u mir, well et steet geschriwwen: *Ech erschloen den Hiert, an d'Schof ginn auseneegejot* ª. ²⁸ Ma nodeems ech aus dem Doud erwächt gi sinn, ginn ech iech viraus a Galiläa." ²⁹ De Péitrus awer sot zu him: „A wann se och alleguer Ustouss un dir huelen – ech net!" ³⁰ Du sot de Jesus zu him: „Amen, ech soen dir: Hënt, an dëser Nuecht, nach éier den Hunn zweemol kréit, hues du mech dräimol verleegent." ³¹ Ma de Péitrus huet sech drop behaapt: „Esouguer wann ech mat dir stierwe misst – ech verleegnen dech net!" Datselwecht hunn och all déi aner gesot.

³² Du sinn si op eng Plaz gaang, déi Gethsemani heescht, an do sot de Jesus zu senge Jünger: „Sëtzt iech hier, iwwerdeems wou ech biede ginn!" ³³ Hien huet de Péitrus, de Jakobus an de Johannes matgeholl. Dunn huet hien ugefaang ze fäerten an onroueg ze ginn, ³⁴ an hie sot zu hinnen: „*Meng Séil ass esou doudttraureg* ᵇ. Bleift hei a waacht!" ³⁵ Hien ass e Stéck méi wäit gaang, huet sech op de Buedem gehäit an huet gebiet, datt déi Stonn wa méiglech un

him erlaanscht goe sollt. [36] Hie sot: „Abba, Papp, fir dech ass alles méiglech: Huel dëse Kielech dach vu mir ewech! Et soll awer net dat geschéien, wat ech gär hätt, ma dat, wat s du wëlls." [37] Wéi hie bei si hannescht komm ass, waren si amgaang ze schlofen. Du sot hien zum Péitrus: „Simon, schléifs du? Waars du net emol amstand, eng eenzeg Stonn ze waachen? [38] Waacht a biet, fir datt dir net a Versuchung gerot! De Geescht ass zwar wëlleg, ma d'Fleesch ass schwaach." [39] Hien ass nees fortgaang an huet mat deene selwechte Wierder gebiet. [40] Wéi hien op en Neis bei si hannescht komm ass, waren si erëm amgaang ze schlofen: D'Ae waren hinnen zougefall. Si woussten net, wat si him äntwere sollten. [41] A wéi hie fir d'drëtt koum, sot hien zu hinnen: „Schlooft roueg weider a rascht! – Et geet elo duer! D'Stonn ass do. Kuckt, de Mënschejong gëtt elo an d'Hänn vu Sënner ausgeliwwert. [42] Stitt op, loosse mer goen! Kuckt, deen, dee mech ausliwwert, kënnt."

[43] Hie war nach amgaang ze schwätzen, wéi de Judas, ee vun deenen Zwielef, dohi komm ass, a mat him e ganze Koup Leit mat Schwäerter a Knëppelen – si ware vun den Hohepriister, de Schrëftgeléierten an deenen Eelste geschéckt ginn. [44] Deen, deen de Jesus ausliwwere sollt, hat mat hinnen en Zeechen ofgemaach a gesot: „Deen, deem ech e Kuss ginn, ass et. Huelt hien, féiert hien of a bewaacht hie gutt!" [45] Hien ass elo direkt op de Jesus duergaang a sot: „Rabbi!", an hien huet him e Kuss ginn. [46] Dunn

hunn déi aner Hand un de Jesus geluecht an hie fest-geholl. [47] Ee vun deenen awer, déi derbäistoungen, huet d'Schwäert gezunn, ass dermat op dem Hohe-priister säi Kniecht lassgaang an huet him d'Ouer erofgeha.

[48] Du sot de Jesus zu hinnen: „Wéi géint e Raiber sidd dir mat Schwäerter a Knëppele lassgezunn, fir mech ze verhaften? [49] Dag fir Dag war ech bei iech am Tempel an hunn iech geléiert, an dir hutt mech net festgeholl. Ma dat war, fir datt d'Schrëften an Erfëllung goe sollten." [50] Dunn hunn d'Jünger hien am Stéch gelooss a sinn alleguer fortgelaf. [51] Just ee jonke Mënsch, deen nëmmen e léngen Duch ëm sech geschloen hat, wollt him nogoen. D'Leit hunn hien ugehal, [52] ma hien huet d'léngen Duch fale ge-looss an ass plakeg fortgelaf.

[53] Dunn hunn si de Jesus ofgefouert bei den Hohepriister. Alleguer d'Hohepriister, déi Eelst an d'Schrëftgeléiert sinn do zesummekomm. [54] De Péi-trus ass dem Jesus vu Wäitem bis an den Haff vum Hohepriister sengem Haus nogaang. Do huet hien sech bei d'Dénger gesat an sech um Feier gewiermt.

[55] D'Hohepriister an de ganze Sanhedrin hunn Zeienaussoe géint de Jesus gesicht, fir hien dout-maachen ze kënnen, ma si hu keng fonnt. [56] Vill hunn der nämlech falsch géint hien ausgesot, ma hir Aussoen hunn net iwwereneegestëmmt. [57] Du sinn e puer anerer opgestan an hunn och falsch géint hien ausgesot; si hu behaapt: [58] „Mir hunn héieren, wéi

hie gesot huet: ‚Ech rappen dësen Tempel of, dee vu Mënschenhand gebaut ass, an an dräi Deeg riichten ech en aneren op, deen net vu Mënschenhand gebaut ass.'" ⁵⁹ Ma och do hunn d'Zeienaussoen net iwwereneegestëmmt. ⁶⁰ Dunn ass den Hohepriister opgestan, huet sech an d'Mëtt gestallt an huet de Jesus gefrot: „Äntwers du näischt op dat, wat si hei géint dech aussoen?" ⁶¹ De Jesus awer huet de Mond net opgedoen, hien huet iwwerhaapt näischt geäntwert. Op en Neis huet den Hohepriister hie gefrot: „Bass du de Messias, de Jong vun deem, deen héichgelueft sief?" ⁶² Du sot de Jesus: „Ech sinn et! An et kënnt eng Kéier den Dag, wou dir *de Mënschejong* op där rietser Säit vun deem staarke Gott sëtzen a *mat de Wolleke vum Himmel komme gesitt* ᶜ!" ⁶³ Dunn huet den Hohepriister seng Kleeder zerrass a sot: „Wat brauche mir elo nach Zeien?! ⁶⁴ Dir hutt d'Gotteslästerung selwer héieren. Wat sot dir derzou?" Alleguer hunn si de Jesus veruerteelt a gesot, hien hätt den Doud verdéngt.

⁶⁵ En etlecher hunn ugefaang, op hien ze späizen, him d'Aen ze verbannen, hien ze schloen an zu him ze soen: „Dajee, weis, datt s du e Prophéit bass!" Och d'Dénger hunn him mat Streech opgewaart.

⁶⁶ Iwwerdeems de Péitrus ënnen am Haff war, koum eng vum Hohepriister senge Meed. ⁶⁷ Wéi si de Péitrus gesinn huet, deen amgaang war, sech ze wiermen, huet si sech hie gutt ugekuckt a sot: „Och du waars mat deem vun Nazareth zesummen, deem

Jesus do!" [68] Ma hien huet et geleegent a sot: „Ech weess net an ech verstinn och net, vu wat s du do schwätz!" Dueropshin ass hien erausgaang an de Virhaff. Dunn huet en Hunn gekréit.

[69] D'Mod, déi hien erkannt hat, huet elo ugefaang, zu deene ronderëm ze soen: „Dach, deen doten ass ee vun hinnen!" [70] Op en Neis huet de Péitrus et geleegent. E bëssche méi spéit hunn déi, déi ronderëm stoungen, zu him gesot: „Et ass wouer, du bass ee vun hinnen; du bass dach och e Galiläer!" [71] Hien awer huet ugefaang mat Fluchen an huet geschwuer: „Ech kennen dee Mënsch net, vun deem dir do schwätzt!" [72] Am selwechten Ament huet den Hunn fir d'zweet gekréit. Dunn huet de Péitrus sech un dat erënnert, wat de Jesus zu him gesot hat: „Nach éier den Hunn zweemol kréit, hues du mech dräimol verleegent." An hien huet ugefaang ze kräischen.

---

a Zach 13,7.
b Ps 42,6.12; 43,5.
c Dan 7,13.

15 [1] Gläich muerges fréi, nodeems d'Hohepriister mat deenen Eelsten, de Schrëftgeléierten an dem ganze Sanhedrin hir Decisioun geholl haten, hunn si de Jesus gebonnen, hien offéiere gelooss an hien un de Pilatus ausgeliwwert.

² De Pilatus huet de Jesus gefrot: „Bass du de Kinnek vun de Judden?" De Jesus huet him geäntwert: „Du sees et." ³ Dunn hunn d'Hohepriister de Jesus wéinst enger ganzer Rei Saachen ugeklot. ⁴ De Pilatus huet hien nees gefrot: „Äntwers du näischt? Kuck, wéinst wat si dech alles ukloen!" ⁵ De Jesus awer huet näischt méi geäntwert, esou datt de Pilatus al verwonnert war.

⁶ Fir d'Fest huet de Pilatus de Leit gewéinlech e Gefaangene fräiginn – een, deen si sech froe konnten. ⁷ Deemools souz e Mann am Prisong, dee Barabbas geheescht huet, zesumme mat anere Rebellen, déi bei enger Rebellioun een ëmbruecht haten. ⁸ Déi vill Leit, déi do waren, si bei de Pilatus eropkomm an hunn dat verlaangt, wat hien hinne gewéinlech ginn huet. ⁹ Hien huet si gefrot: „Wëllt dir, datt ech iech de Kinnek vun de Judde fräiginn?" ¹⁰ Hien hat nämlech an Uecht geholl, datt d'Hohepriister him de Jesus nëmmen aus Näid ausgeliwwert haten. ¹¹ Ma d'Hohepriister hunn d'Leit opgestëppelt, datt de Pilatus hinnen éischter de Barabbas sollt fräiginn. ¹² De Pilatus huet si nees gefrot: „Wat soll ech da mat deem maachen, deen dir de Kinnek vun de Judden nennt?" ¹³ Si awer hu gejaut: „Looss hie kräizegen!" ¹⁴ Du sot de Pilatus zu hinnen: „Wat huet hien da Schlechtes gemaach?" Ma si hunn nach méi haart gejaut: „Looss hie kräizegen!"

¹⁵ Fir de Leit entgéintzekommen, huet de Pilatus hinnen de Barabbas fräiginn. Nodeems hien de Jesus

gäissele gelooss hat, huet hien den Uerder ginn, hien ze kräizegen.

16 D'Zaldoten hunn de Jesus an den Haff, dee sougenannte Prätorium, gefouert an déi ganz Kohort zesummegeruff. 17 Si hunn him e purpurroude Mantel ugedoen an him eng Därekroun opgesat, déi si gebonnen haten. 18 Dunn hunn si ugefaang, hien ze gréissen: „Vive de Kinnek vun de Judden!" 19 An si hunn hie mat engem Bengel op de Kapp geschloen an op hie gespaut; duerno hunn si sech geknéit an sech virun him niddergeworf. 20 Nodeems si esou de Spott mat him gedriwwen haten, hunn si him de purpurroude Mantel ausgedoen an him seng eege Kleeder nees ugedoen.

Dunn hunn si hien erausgefouert, fir hien ze kräizegen. 21 Si hunn e gewësse Simon vun Zyrene, dem Alexander an dem Rufus hire Papp, dee grad vum Feld koum, gezwongen, dem Jesus säi Kräiz ze droen.

22 An si hunn de Jesus op déi Plaz bruecht, déi Golgotha genannt gëtt, dat heescht iwwersat: Plaz vum Doudekapp. 23 Do hunn si him Wäi gi mat Myrrhe dran, ma hien huet en net geholl. 24 Duerno hunn si de Jesus gekräizegt. An *si hunn seng Kleeder opgedeelt, andeems si d'Lous gezunn hunn*[a], fir ze wëssen, wie wat krit. 25 Et war déi drëtt Stonn, wéi si hie gekräizegt hunn. 26 Säi Verbrieche war op engem Schëld festgehal: De Kinnek vun de Judden.

27 Mat him hunn si zwéi Raiber gekräizegt, een op senger rietser an een op senger lénkser Säit. [28]

²⁹ Déi, déi laanschtgoungen, hunn hie gelästert; si hunn de Kapp geréselt a soten: „He du, deen s du den Tempel ofrapps an en an dräi Deeg nees opbaus, ³⁰ rett dech selwer a klamm vum Kräiz erof!" ³¹ Op déiselwecht Manéier hunn och d'Hohepriister an d'Schréftgeléiert de Spott mat him gedriwwen an zuenee gesot: „Anerer huet hie gerett, sech selwer kann hien net retten! ³² De Messias, de Kinnek vun Israel, hie soll elo vum Kräiz erofklammen, fir datt mir gesinn a gleewen!" Och déi, déi mat him gekräizegt gi waren, hunn him Frechheete gemaach.

³³ Wéi déi sechst Stonn koum, gouf et am ganze Land däischter – bis déi néngt Stonn. ³⁴ An déi néngt Stonn huet de Jesus haart geruff: *„Eloï, Eloï, lema sabachthani?"* Dat heescht iwwersat: *„Mäi Gott, mäi Gott, firwat hues du mech verlooss?"* ᵇ ³⁵ E puer vun deenen, déi derbäistoungen an et héieren hunn, soten: „Kuckt, hie rifft den Elias!" ³⁶ Dunn ass een dohi gelaf, huet e Schwamp an Esseg gezappt an en op e Bengel gestach. Hien huet dem Jesus ze drénke ginn a sot: „Loosst gewäerden! Mir kucken emol, ob den Elias kënnt, fir hien erofzehuelen." ³⁷ De Jesus awer huet en haarde Kreesch gedoen an ass verscheet.

³⁸ Dunn ass de Riddo vum Tempel an zwee gerass, vun uewe bis ënnen. ³⁹ Wéi de Centurio, dee vis-à-vis vum Jesus stoung, hien esou stierwe gesinn huet, sot hien: „Dee Mënsch do war wierklech dem Herrgott säi Jong!"

[40] Et waren och Fraen do, déi vu Wäitem noge-
kuckt hunn, ënner hinnen d'Maria vu Magdala,
d'Maria, dem Jakobus deem Klengen an dem Joses
hir Mamm, an d'Salome [41] – si waren dem Jesus no-
gaang an haten him gedéngt, wéi hien nach a Galiläa
war. Et waren och nach vill anerer do, déi mat him
op Jerusalem eropkomm waren.

[42] Herno, géint der Owend, a well et de Virbe-
reedungsdag, den Dag virum Sabbat war, [43] huet de
Jouseph vun Arimathäa, en ugesinnene Member
vum Sanhedrin, deen och op dem Herrgott säi Räich
gewaart huet, et gewot, bei de Pilatus ze goen an
dem Jesus seng Läich ze froen. [44] De Pilatus war
verwonnert, datt de Jesus schonn dout si sollt. Hien
huet de Centurio komme gelooss an hie gefrot, ob
de Jesus scho laang dout wär, [45] a wéi hie vum
Centurio doriwwer Bescheed kritt hat, huet hien dem
Jouseph deen Doudegen iwwerlooss. [46] De Jouseph
huet e léngen Duch kaaft, de Jesus vum Kräiz erof-
geholl an hien an d'Duch agewéckelt. Dunn huet
hien de Jesus an e Graf geluecht, dat aus engem Fiels
erausgeha war, an huet e Stee virun den Agank vum
Graf gerullt. [47] D'Maria vu Magdala an d'Maria, dem
Joses seng Mamm, awer hunn uechtgedoen, wou-
hinner de Jesus geluecht ginn ass.

---

[a] Ps 22,19.
[b] Ps 22,2.

16

¹ Wéi de Sabbat eriwwer war, hunn d'Maria vu Magdala, d'Maria, dem Jakobus seng Mamm, an d'Salome Essenze kaaft, fir dohin ze goen an de Jesus ze salefen. ² Si koumen deen éischten Dag vun der Woch an aller Fréi bei d'Graf – d'Sonn war grad opgaang. ³ Dunn huet eng déi aner gefrot: „A wie rullt äis de Stee vum Agank vum Graf ewech?" ⁴ Wéi si opgekuckt hunn, hunn si gesinn, datt de Stee schonn op d'Säit gerullt gi war – an dobäi war et e ganz groussen.

⁵ Si sinn an d'Graf eragaang an hunn do op där rietser Säit e jonke Mann an engem wäisse Gewand sëtze gesinn. Du sinn si ellen erféiert. ⁶ Hien awer sot zu hinnen: „Erféiert net! Dir sicht de Jesus vun Nazareth, dee Gekräizegten – hien ass aus dem Doud erwächt ginn, hien ass net hei. Kuckt, do ass d'Plaz, wou si hien higeluecht haten. ⁷ Gitt elo a sot senge Jünger an dem Péitrus: ,Hie geet iech viraus a Galiläa; do kritt dir hien ze gesinn, esou wéi hien iech et gesot hat.' "

⁸ Nodeems si erausgaang waren, sinn si vum Graf fortgelaf. Si hu geziddert a waren ausser sech, an si sote kengem eppes, well si gefaart hunn.

⁹ Wéi de Jesus muerges fréi um éischten Dag vun der Woch operstane war, ass hie fir d'éischt der Maria vu Magdala erschéngen, aus där hie siwen Dämonen ausgedriwwen hat. ¹⁰ Si ass higaang an huet deenen aneren et verkënnegt, déi virdru mat him zesumme waren an déi elo getrauert a gekrasch

hunn. [11] Wéi déi héieren hunn, hie géif liewen a wär vun hir gesi ginn, hunn si et net gegleeft.

[12] Duerno ass hien ënner engem aneren Ausgesinn zwéi vun hinnen erschéngen, déi ënnerwee waren an op d'Land goe wollten. [13] Och si sinn higaang an hunn deenen aneren et verkënnegt. An och hinnen hunn si net gegleeft.

[14] Zu gudder Lescht ass hien deenen Eelef erschéngen, wéi si bei Dësch waren, an hien huet hinne wéinst hirem Onglaf an hirer Haarthäerzegkeet Virwërf gemaach, well si deenen net gegleeft hunn, déi hie gesinn haten, nodeems hien aus dem Doud erwächt gi war. [15] An hie sot zu hinnen: „Gitt eraus an d'ganz Welt, verkënnegt der ganzer Schëpfung d'Evangelium! [16] Deen, dee gleeft an sech deefe léisst, gëtt gerett; deen awer, deen net gleeft, gëtt veruerteelt. [17] Dës Zeeche begleeden déi, déi gleewen: A mengem Numm dreiwen si Dämonen aus; si schwätzen an neie Sproochen; [18] si huele Schlaangen an d'Hand, a wann si eppes Gëfteges drénken, schuet et hinnen net; si leeë Kranken d'Hänn op, an déi gi gesond."

[19] Nodeems eiser Här Jesus dat zu hinne gesot hat, gouf hien op an den Himmel geholl, an hien huet sech op dem Herrgott seng riets Säit gesat. [20] Si awer hunn sech op de Wee gemaach an hunn iwwerall [d'Evangelium] verkënnegt. Den Här war mat hinnen an allem, wat si gemaach hunn, an hien huet

d'Wuert bestätegt duerch déi Zeechen, déi et begleet hunn.

Kuerze Schluss vum Evangelium (amplaz vun de Verse Mk 16,9-20):

Direkt hunn si deenen, déi ëm de Péitrus waren, alles verkënnegt, wat hinnen un d'Häerz geluecht gi war. Duerno huet de Jesus selwer déi helleg an onvergänglech Botschaft vum éiwegen Heel duerch si erausgeschéckt vum Opgang vun der Sonn bis zu hirem Ënnergang.

2018 goufe scho verëffentlecht:

D'Bibel op Lëtzebuergesch

D'Evangelium nom Matthäus
ISBN 978-3-7528-1519-1

D'Evangelium nom Johannes
ISBN 978-3-7528-1517-7

Books on Demand

12 x 19 cm, 7 €

och als E-Book ze kréien (5,49 €)
Den Erléis geet un d'Fondatioun Sainte-Irmine.

www.cathol.lu   www.bod.de